DES TAUREAUX
DANS LA TÊTE

FRANÇOIS ZUMBIEHL

DES TAUREAUX DANS LA TÊTE

PEPE LUIS VÁZQUEZ, DOMINGUÍN, ORDOÑEZ, CAMINO, LE VITI ET LE CORDOBÉS PAR EUX-MÊMES

Éditions
AUTREMENT

COLLECTION HD

Un choix très personnel d'essais nourris de rencontres, de reportages, de recherches, sur des préoccupations contemporaines, des lieux symboliques, des personnages charnières, des fragments du quotidien. Une nouvelle collection créée en 1987 et dirigée par Henry Dougier

DÉJÀ PARUS

Catherine N'Diaye, La coquetterie.
Francis Planque, Au cœur des affaires.

Photo de couverture : © Haas. Magnum.

4, rue d'Enghien, 75010 Paris
ISBN 2-86260-204-3

AVANT-PROPOS

—

LE DEGRÉ ZÉRO DE LA CRÉATION

L'HOMME « habillé de lumières » porte sur lui l'auréole de son triomphe. Le costume complète superbement la panoplie qui fait du matador le héros solaire par excellence, un nouveau Thésée en quelque sorte. Pourtant, il suffit d'avoir assisté à une seule corrida pour saisir l'importance de l'ombre dans la chronologie, dans l'espace rituel, et même dans la symbolique du spectacle. De même, l'art du torero serait bien insipide si sa chorégraphie, comme le sentiment qui l'inspire, n'était un jeu de contrastes, une « dialectique de la lumière », ainsi que l'a écrit l'essayiste José Carlos Arevalo. Pour que l'œuvre dessinée dans l'air ne s'évanouisse pas dans sa propre transparence, il convient de la considérer à l'ombre de la nostalgie ou de la sérénité, dans le clair-obscur intime de l'artiste. Telles sont les ombres des toreros que nous avons essayé de cerner à travers ces entretiens, parce que nous pressentions qu'en elles se trouvait une part importante de leur vérité, au moins autant que dans la leçon laissée par chacun d'eux pour servir à l'histoire de la tauromachie.

L'idée de ce livre était simple : oublier la littérature, dépasser la technicité un peu stérile des spécialistes ;

remonter à la source en demandant aux protagonistes de nous expliquer « ce mystère qu'ils viennent dire chaque après-midi », selon la belle, mais laconique définition du grand torero gitan Rafael *El Gallo*[1]. Il faut avouer cependant que ce genre d'entreprise tient de la gageure, et a été, somme toute, rarement mené à bien. Certes, l'ouvrage de Chaves Nogales, né de ses conversations avec Juan Belmonte[2], reste un modèle. Il y a quelques années François Coupry a largement réussi son pari d'aller avec des toreros français « dans l'intimité du toro[3] ». Mais il a franchement douté que la même chose fût possible avec les grandes figures historiques de l'Espagne taurine. Trop de phrases codées — dont Coupry nous donne dans sa préface un savoureux pastiche —, trop de litanies convenues sur les points forts de leur existence épargnent le plus souvent à ces vedettes un déshabillage psychologique auquel leur profession les prépare moins que d'autres. Et si malgré tout, avec cette conscience particulière de leur art, aiguisée par les risques assumés tout au long d'une carrière prestigieuse, ils parvenaient à retrouver une parole originale...

La stratégie de ces entretiens a été dictée par l'unique souci de permettre aux intervenants de s'exprimer avec la plus grande disponibilité. C'est la principale raison qui m'a conduit à interroger des matadors retirés, encore qu'ils ne se considèrent jamais comme tels. Le torero plongé dans le tourbillon de la *temporada** vit un peu en dehors de lui-même. Il s'appuie surtout sur son intuition. Ce n'est

1. Nous avons mis en italiques les surnoms artistiques des toreros.
2. Manuel Chaves Nogales, *Juan Belmonte matador de toros*, Alianza édit., Madrid, 1969.
3. *Dans l'intimité du toro*, éditions Hallier, Paris, 1975.
*. J'ai réduit au minimum l'usage des termes techniques. On trouvera à la fin de l'ouvrage, en annexe, un lexique des mots « incontournables » et pratiquement intraduisibles. Ces mots sont suivis d'un astérisque.

qu'après avoir pris quelque distance avec l'arène qu'il peut faire coïncider sa maturité professionnelle avec sa maturité d'homme. Alors seulement son art et sa réflexion acquièrent toute leur profondeur.

Les textes reproduits dans ces pages sont issus de conversations enregistrées. Elles se sont engagées à une table de café, dans le calme de la maison ou de la *finca**, mais toujours à l'abri d'une écoute indiscrète.

D'abord polis et méfiants, les toreros ont fini par se prêter au jeu au-delà de mon attente. Ils ont trouvé pour s'exprimer un mode dont j'ai la faiblesse de penser qu'il correspond bien à leur personnalité, et même à leur style.

Avec Pepe Luis Vázquez, la fantaisie du sentiment imprègne tout naturellement les considérations terre à terre sur son métier. La lucidité et l'inspiration, l'humour et la mélancolie se côtoient sans heurt, et sans lourdeur.

Dans son langage et ses analyses, Dominguín utilise une ample palette. Il évoque avec ferveur le monde intérieur du torero, mais il retrouve les sarcasmes d'un Quevedo pour peindre les hypocrisies et les vanités du *mundillo**.

Ordoñez, avec je ne sais quelle conscience de sa vulnérabilité, se tient longtemps sur la défensive. Il est l'homme des définitions en creux, et des explications rapides. Cela ne l'empêche pas, au moment où on ne s'y attendait plus, de nous faire entendre son chant profond. Il parle sans retenue de la « vraie » tragédie du toreo, et de ce dialogue amoureux avec le taureau, sans lequel il n'aurait rien pu faire.

Paco Camino répond sans ambages aux questions. Il explique aussi tranquillement la place — assez éminente — qu'il occupe dans l'histoire de la tauromachie, ses dons, et ses limites, qui semblent plutôt, à l'en croire, les limites de son ambition.

Comme prévu, le sérieux caractérise la réflexion du *Viti*. Dans le rythme lent de son élocution on devine le souci, non pas de trouver ses idées, mais les expressions susceptibles de traduire des sensations fluctuantes, celles qui ont constitué son expérience personnelle.

Le *Cordobés* est décidément un cas à part. Ses paroles tranchent nettement sur celles de ses confrères, ne serait-ce que par une immodestie qui peut choquer à juste titre un lecteur non prévenu. Je voudrais cependant qu'on laisse de côté les bienséances pour ne retenir que le climat d'euphorie dans lequel Manuel Benitez s'est exprimé. Faut-il lui reprocher le plaisir évident qu'il éprouve à rappeler ces moments de bonheur intense vécus dans l'arène ? Certes, il n'est pas homme à s'embarrasser d'arrière-pensées. Il a simplement conscience d'avoir reçu à profusion le pouvoir de créer, et d'avoir conquis la suprématie de haute lutte. Il semble difficile de lui contester cela.

Qu'y a-t-il de commun à ces six discours, et quel son neuf nous font-ils écouter ?

Avec eux nous pénétrons d'abord dans l'intimité d'une entente dont nous découvrons toutes les nuances : le taureau est le « collaborateur », le « partenaire », l'« instrument » — au sens musical du mot. L'art du toreo est mort-né sans cette complicité où deux êtres se cherchent pour créer ensemble (seuls le *Viti* et le *Cordobés* font entrer dans le cercle un troisième personnage : le public). Quiconque raisonne ici en termes d'hostilité ou de combat est déjà dans le contresens. Pour une fois, les acteurs et les écrivains se rejoignent. Montherlant et Leiris, en pensant à l'amour ou à la sexualité pour qualifier les grandes *faenas**, avaient donc vu juste.

Les préoccupations de ces matadors sont en premier lieu des préoccupations d'artistes. Je mesure le scandale de cette affirmation pour les personnes qui répugnent à ce spectacle, et dont je respecte la sensibilité. Mais quel que soit le jugement qu'on porte sur la corrida, on ne peut évacuer à priori cette dimension qu'illustrent abondamment les pages qui vont suivre.

L'originalité de ces réflexions tient au fait qu'elles jettent un éclairage assez net, non pas tant sur le sens d'une œuvre qui n'existe que dans l'instantané, mais sur le degré zéro de la création, sur la seconde qui précède un hypothétique décollage. On a le sentiment, à les écouter, que tout cela n'est qu'une question d'énergie soumise à de continuelles différences de tension ; celle-ci peut inopinément affluer ou se tarir, mettant de ce fait constamment la beauté sur le fil du rasoir. On finit par partager l'anxiété de ces hommes qui luttent contre leur lassitude, en même temps qu'ils doivent vaincre l'opacité et la résistance d'une bête, ou l'indifférence du public. Il est compréhensible dès lors que les toreros nous parlent de leurs trop rares moments de réussite comme d'une prodigieuse montée vers la jouissance.

Pour les spectateurs, l'homme en habit de lumières est par statut le héros dont on stigmatise durement le défaut de courage. Pour lui-même, l'héroïsme n'a pas grand-chose à voir avec un parti pris moral. Il a, certes, un sens accusé de la responsabilité vis-à-vis des autres, et de l'amour-propre ; mais il vit trop avec les risques quotidiens pour se laisser prendre par la théâtralité qu'il lui faut afficher parfois dans l'arène. Couramment, le torero veille surtout à ne pas dépasser les limites, et à ne pas basculer dans une témérité dont le prix est élevé, et qui n'a d'ailleurs pas de sens. Cependant, l'exaltation peut le conduire, quand il est sur le bon chemin du triomphe, à oublier la prudence, et à s'oublier lui-même. Cette démesure n'est pas délibérée, et elle n'est pas en soi louable. Elle se justifie seulement par l'impossibilité de résister à l'appel de l'art.

OUVERTURE

—

DONNER À L'ÉPHÉMÈRE UNE APPARENCE D'ÉTERNITÉ

J'AI cru discerner d'abord une relation d'étrangeté entre les phrases de mes interlocuteurs — il fallait bien qu'ils en fassent, puisque j'étais là pour les recueillir — et leurs expériences, réfractaires au discours. Au cours de cet exercice, imposé et accepté, j'ai certes obtenu les révélations souhaitées, mais il a fallu pour cela vaincre quelques inhibitions, ou les insuffisances de la parole. La mauvaise humeur a pu affleurer dans certaines remarques à l'emporte-pièce, quand je me suis montré trop pressant dans mes interrogations, et la voix a baissé plusieurs fois de ton, comme pour se faire plus difficilement entendre.

Il y a, semble-t-il, une incompatibilité manifeste entre la pratique de cet art et le désir de théoriser. Santiago Martín *El Viti*, avec une modestie élégante qui lui permet de ne pas pousser plus avant l'introspection, attribue à un défaut de culture la difficulté de trouver les mots pour traduire ses sentiments. Dominguín a écouté avec curiosité les interprétations tauromachiques des artistes et des écrivains qu'il a eu souvent l'occasion de côtoyer. Il reconnaît qu'elles l'ont aidé à forger sa propre philosophie de la corrida, mais on sent bien que c'est par contraste avec des idées qui, pour séduisantes qu'elles soient, restent assez éloignées de son univers personnel.

Le torero est convaincu qu'il existe des correspondances éclairantes entre l'œuvre qu'il accomplit dans l'arène et les autres arts de l'espace et du temps. Mais, si les références à la musique et à la peinture sont nombreuses, obsédantes même, il pense rarement à l'écriture, sinon pour dénoncer l'éternel malentendu entre les professionnels de la plume, avides d'affirmations, et les hommes « habillés de lumières », accoutumés à vivre dans un monde d'incertitudes. Il est tout de même significatif qu'Ordoñez et Dominguín s'interrogent intensément sur l'*afición* d'Hemingway, sur la justesse de son regard, et ne prêtent pour ainsi dire aucune attention à son talent d'écrivain.

N'est-il pas parfaitement incongru de prétendre écrire une tauromachie ? Certes, s'il s'agit de consigner les règles essentielles et pratiques du jeu, les traités rédigés aux XVIIIe et XIXe siècles, par *Pepe-Hillo* et *Paquiro*, donnent encore aux professionnels des leçons très utiles. Mais comment fixer dans toutes ses dimensions l'expérience individuelle d'un torero ? Les vérités que celui-ci serait tenté d'énoncer sont à peine communicables. S'il parle volontiers de technique, celle-ci ne constitue pas, comme on pourrait le penser, un domaine spécifique et purement rationnel. Les réflexions sont entremêlées d'images et de notations dictées par le sentiment intime. On ne s'explique pas autrement les divergences d'interprétation sur des concepts majeurs, tels le *dominio** ou le *temple**. En évoquant son métier, le torero rappelle qu'il est d'abord un artiste.

Dominguín refuse de produire la *Tauromachie* que lui commandait Picasso pour une raison plus pressante encore : dans l'arène, tout ce qui advient est le fruit de multiples coïncidences — et d'abord celle d'un homme avec un taureau — qui n'ont de réalité que dans l'instant. Hormis ces rencontres, par principe exceptionnelles, fort peu de choses méritent par leur consistance d'être codifiées.

Les mots sont pauvres ; trop rigides et compartimentés, ils sont incapables d'exprimer la joie qui envahit quelquefois l'esprit et le corps du torero, et lui donne l'évidence qu'à un moment précis toutes ses facultés sont libérées ensemble. La seule façon de rendre un tel déchaînement serait — comme nous dit à peu près l'un d'eux — de trouver une expression qui se voie, et non pas qui s'écrive.

Il serait pourtant faux de penser qu'une telle activité repose sur je ne sais quel sensualisme. Les réponses sont unanimes quand on demande aux toreros le secret de leur réussite : d'abord l'intelligence. Rien n'est possible si l'on est incapable, dès la sortie du taureau, d'observer intensément et d'enregistrer tous les signes dont on pourra induire son comportement futur. Mais, comme les réactions de la bête ne cessent d'évoluer au cours du jeu, l'homme doit conserver son acuité pour éviter de construire une *faena** sur des principes devenus faux entre-temps. Cet exercice cérébral est la clef de toute tauromachie, aussi bien pour Pepe Luis Vázquez, le Sévillan inspiré, que pour le *Cordobés*, en qui certains ont surtout voulu voir un tempérament proche de l'animalité. Toutefois, il est subordonné dans l'arène à deux conditions vitales : il ne doit pas être dérangé, mais au contraire stimulé par la proximité du taureau ; en ce sens, il se confond avec le courage, vertu sur laquelle les toreros sont par ailleurs assez discrets. En second lieu, il n'est utile que dans la mesure de son extrême rapidité. Il ne suffit pas de saisir sur-le-champ les moindres mouvements de l'animal pour y trouver la réponse appropriée. Afin de prendre l'initiative, il faut posséder intellectuellement l'ensemble de ces composantes ; en un mot « se mettre le taureau dans la tête ». Le *Cordobés* ajoute même à cette expression une nuance anthropophagique, en affirmant que la bête était presque instantanément « clouée, avalée dans son cerveau, et que par la suite il la ressortait par petits morceaux ».

La connaissance du taureau s'acquiert, ou plutôt s'affirme avec le temps, mais non pas cette « tête privilégiée » qui consacre d'emblée les grandes figures. Elle se manifeste comme un instinct supérieur, aussi déconcertant que le don artistique chez l'« enfant savant », capable du premier coup, par exemple à l'occasion d'une *tienta**, d'embarquer dans l'étoffe une bête désobéissant à celle que lui présentaient des vedettes confirmées. Ce jeune prodige s'appelle *Joselito* ou Paco Camino. Il découvre, sans pratiquement les chercher, la science des terrains et tous les fils invisibles par lesquels on attire un taureau sous son pouvoir.

Le torero en train de créer ne se réfléchit jamais, puisqu'il se trouve lui-même inclus dans son œuvre, pas plus qu'il ne peut à tête reposée reprendre, ou seulement fixer les lignes de son travail (on se rappelle à quel point Hemingway, par l'expérience de l'écriture, était sensible à cette limitation). Il s'agit sans doute ici du seul art qui se réduise à l'unidimensionnalité du vécu, car le danseur et l'acteur, eux du moins, peuvent prendre appui sur un texte ou une chorégraphie qui survit à leurs mouvements. Ce défaut de perspective rend d'autant plus nécessaire la présence du public. Peu importe qu'il soit réellement connaisseur. Les jugements à cet égard sont très partagés, et ne concordent que pour affirmer qu'il ne peut en aucun cas atteindre au savoir des professionnels, lesquels par ailleurs ne se considèrent nullement comme infaillibles. Quoi qu'il en soit, même s'il lui prête peu d'attention, le torero a besoin d'établir une connivence avec son public, car alors l'écho circulaire de la foule lui renvoie son reflet, et lui permet d'appréhender la matérialité de son ouvrage, en écoutant s'épanouir l'onde de l'émotion qu'il provoque. La joie de toréer est « de sentir qu'on vous sent » déclare Santiago Martín *El Viti*, dont on pensait qu'il avait l'âme solitaire.

La place attribuée au public est variable. On le considère à l'intérieur ou à l'extérieur du jeu, selon l'idée qu'on se fait des relations psychologiques et affectives dont l'arène est l'épicentre. Pour le *Cordobés*, trois cartes sont jouées, chacune d'elles étant nécessaire à l'équilibre de la partie : le torero doit séduire et modeler le public, de la même manière qu'il exerce son pouvoir sur le taureau. Le bonheur n'est accompli que lorsque ces trois sensibilités s'unissent et échangent « leurs rayons ». Si l'une d'elles n'est pas au rendez-vous, c'est un peu comme si la corrida était privée de stéréophonie. Le public, d'ailleurs, peut avoir la présence et l'opacité d'une personne vivante ; il mérite qu'on devine ses désirs derrière le voile de son agitation ou de son indifférence.

Pour d'autres, au contraire, le public a le rôle ingrat du voyeur qui gêne l'intimité du couple. Il est la bête aux cent yeux — « la seule », disait Blasco Ibañez, qui soulignait par là la cruauté de ce regard extérieur — et dans le meilleur des cas, il ne devrait occuper les gradins que pour jouir du spectacle avec discernement. Or, sa démesure, trop courante aujourd'hui, est de prétendre sortir du chœur anonyme pour se mettre sur le même pied que les protagonistes.

Les *maestros* évoquent souvent l'écart irrémédiable entre leur meilleure *faena**, réalisée un beau jour, et la *faena* idéale, qui mûrit en eux, et ne parvient jamais à éclore, car il se produit toujours une circonstance néfaste : le taureau, le vent, et surtout les minutes qui s'écoulent et ne pardonnent pas. On se persuade, à les écouter, qu'ils sont condamnés à vivre dans l'insatisfaction, et à poursuivre une chimère qui se dérobe à l'ultime seconde. Plus encore qu'avec le public, la coïncidence est difficile avec eux-mêmes. Comment trouver leur identité d'artiste, si leur œuvre, à peine dessinée sur le sable, se dissout dans un passé fuyant, ou renvoie à un futur improbable ?

Par le pouvoir du *temple**, l'étoffe donne l'impression de peser davantage, et l'on croit qu'il manque peu de chose pour que la passe, avant de s'effacer, s'immobilise en sculpture. A l'opposé, un paraphe gracieux, aux lignes insaisissables et baroques, referme inopinément une série et nous laisse, aussi immatérielle que le parfum, la légèreté de son envol. Quelle que soit sa façon de jouer avec l'impermanence, le toreo n'a peut-être pas de plus juste définition que celle qu'en donne Pepe Luis Vázquez : « C'est une chose de l'air, qui se repose un moment, puis disparaît. »

Cette évanescence a beau se produire dans la clarté de l'après-midi et dans une atmosphère de liesse, elle n'en est pas moins « tragique » pour l'homme de l'art, qui a le sentiment de devenir un peu plus pauvre chaque jour, et de se perdre, puisque rien ne permet de recueillir sa production. Le souvenir ému des spectateurs ? Il leur est propre, et s'en va avec eux. Quant au cinéma et à la vidéo, les toreros les considèrent avec hostilité : ils font ressortir les défauts de la *faena* la plus réussie, ils font croire au spectateur que tous les taureaux sont faciles, et surtout ils ne captent pas l'essentiel, qui ne peut se percevoir qu'en direct : le sentiment qui a fait naître les passes.

Le torero a d'autant plus de mal à supporter de voir son image livrée à tout un chacun qu'il cesse très vite d'avoir prise sur elle, et qu'il est, en dépit de ses dénégations, confondu avec elle au terme de sa carrière. Le public en est désormais le principal dépositaire ; à lui, il ne reste que l'ombre de ce qu'il a cru être réellement. On comprend dès lors son souci de « composer la figure », de veiller à ce que celle-ci ne jure pas trop avec sa conviction intime. Plusieurs maîtres racontent comment, vers la fin de leur vie professionnelle, faisant particulièrement attention à ne pas rester prisonniers du jugement d'autrui, ils se sont engagés dans ce qui ressemble à une course-poursuite : Pepe Luis décide de ne pas se produire devant *son* public de Séville, de peur que ses dernières prestations ne ternissent sa légende ; pour un motif semblable, Ordoñez se refuse à toréer dans le *campo* devant des aficionados qui le verraient pour la première fois, et pourraient se faire de lui une idée décevante. Le *Viti*, enfin, déclare avoir passé plusieurs années à tenter de se débarrasser de l'étiquette qu'on voulait à tout force lui coller, en le considérant surtout comme un prince de l'estocade.

Il n'est pas étonnant que l'espérance en l'au-delà conduise Pepe Luis Vázquez à imaginer ce qui lui a été refusé par la tauromachie terrestre : il *se* voit « dans l'air où les choses continuent de flotter », et devant le spectacle de sa *faena* diaphane, à jamais inscrite dans la Maestranza[1] céleste, il peut s'avouer enfin qu'il n'a pas toréé si mal !

1. C'est le nom des arènes de Séville.

Visiblement, le *Cordobés* n'aspire pas à l'éternité. Il ne conçoit pas que le toreo s'attache à perpétuer des formes figées, en un mot s'accommode d'un quelconque classicisme, qui incarne à ses yeux l'instinct de mort. Non, l'élan créateur exige un renouvellement constant, tandis que le torero se jette à corps perdu dans une fuite en avant, pour échapper à l'emprise du public et briser tous les moules. Le *Cordobés* proclame sa fierté d'avoir bousculé les unes après les autres toutes les définitions, et de rester là, inclassifiable, avec son génie confondant et moqueur.

La leçon que Manuel Benitez entend laisser est assez claire : le toreo est l'expression fastueuse de l'élan vital. Il est bien plus que l'art de faire des passes, celles-ci n'étant que quelques « pages » d'un livre qui ne s'écrit pas avec des formules, mais doit rester ouvert à toutes les occasions de dépassement. On le devine, le sens du risque a préexisté chez Manuel Benitez à l'exercice de sa profession, et ne s'est pas tari une fois les arènes désertées. En l'écoutant parler des hasards qui ont décidé de sa vie, on constate que son métier ne lui a sans doute pas collé à la peau, et qu'il aurait pu se lancer avec le même bonheur dans une autre aventure. Peu importe. Quand l'existence entière est envisagée comme une tauromachie, la corrida n'est plus aussi nécessaire, et la retraite même devient supportable ; on change de taureau, voilà tout.

Faut-il pour autant gommer les marges entre la vie et le toreo ? Non, répond le *Viti*, rougissant à l'idée de suivre l'exemple de quelques prédécesseurs fameux, lesquels, dans la rue, au café, cambraient la silhouette comme s'ils étaient toujours en train d'esquisser une passe de poitrine. Le torero, qui dans l'arène se doit d'être pleinement théâtral pour répondre à l'attente des spectateurs, devient aux yeux du *Viti* un personnage pitoyable s'il prétend transposer le moindre signe de son rituel dans le contexte de tous les jours. Ces deux mondes ne sauraient se confondre ni se singer, sous peine de caricature.

L'authenticité du toreo n'est pas en cause, bien au contraire. En dehors de son art, le *Viti* avoue n'avoir jamais retrouvé pareil sentiment de liberté. La tauromachie est en effet l'expression au premier degré des forces élémentaires de la vie — la maîtrise de soi et de l'adversaire ; la sérénité s'imposant à la violence ; la lumière victorieuse de toutes les ombres inquiètes... — qui sont diluées, sinon censurées dans l'existence courante.

C'est le spectacle exubérant de ces forces, à la fois symbolisées et en acte dans la corrida, qui fascinait Picasso. Peut-être était-il également intrigué d'assister à une fête où l'on voit l'inspiration porter instantanément ses fruits. Car le toreo est une improvisation sur un thème donné. La beauté comble une attente — le répertoire et la chronologie des passes ne permettant pas de faire n'importe quoi — mais elle ne scintille que par le « je ne sais quoi » d'inattendu : la marque originale que lui imprime l'interprétation personnelle, ou la réaction heureuse qui transforme une parade en arabesque. Dans ces escamotages prodigieux que sont les *remates**, par lesquels l'homme coupe court, mais avec raffinement, à son contact avec la bête, on a vu s'exprimer avec un bonheur particulier le génie d'un Rafael *El Gallo*, et la grâce de quelques autres Sévillans.

Malheureusement, cette latitude — assez singulière — laissée à la création est contrebalancée par une contrainte dont les professionnels ne ressentent que trop la pesanteur. Pour remplir ses contrats, il faut tâcher d'être artiste à heure fixe, à un moment qui ne coïncide pas toujours avec les bonnes dispositions du torero, encore moins avec celles du taureau. Dominguín relate avec envie les libertés que Picasso prenait avec sa toile, restant des jours entiers sans donner le moindre coup de pinceau, et se précipitant soudain pour l'achever en quelques heures. La routine et, partant, la lassitude, guettent les « figures », surtout durant le marathon de l'été. Elles épuisent à la longue leur énergie sans laquelle aucune étincelle n'est possible. Il faut alors un concours de circonstances — par exemple une bousculade, ou le succès d'un rival — pour que le torero se repique au jeu (« se fâche », selon l'expression consacrée). Pour lutter contre son aboulie, Dominguín ne trouva rien de mieux que l'expédient de l'orgueil. Il lança un défi calculé au public, en levant l'index au beau milieu d'une *faena* à Madrid, afin de se proclamer lui-même numéro un. Lorsque par la suite il trouvait peu d'intérêt à ses adversaires, sans doute en raison de l'excessive facilité avec laquelle il les dominait, il avait au moins à affronter l'exigence, voire l'hostilité de la foule. Même au prix de l'injustice et de la solitude, une lutte salutaire l'attendait toujours dès qu'il franchissait la porte des *cuadrillas**.

Que faire si l'inspiration fait défaut, ou, ce qui revient au même, si la bête ne se prête pas au style de son matador ? Faut-il faire effort sur soi-même, sur la malchance, au risque de ne pouvoir donner que le spectacle de cet effort ? Certains artistes s'y refusent en estimant que rien n'est plus triste que de substituer la bonne volonté à la transparence esthétique. Ils confirment en cela le jugement exprimé par José Bergamín dans *L'Art de Birlibirloque* : la corrida n'a pas à être édifiante ; elle est moins « la fête du courage » —

n'en déplaise à Escamillo — que la fête de l'intelligence et de la grâce ; toute attitude forcée y serait donc malséante. Lorsque la rencontre entre l'homme et le taureau ne se produit pas au point de tangence idéal, le jeu est impossible, et il n'y a plus qu'à surseoir. Mais le torero qui cherche à apitoyer le spectateur en se faisant un mérite de ses tentatives inopérantes, celui-là est un sordide exhibitionniste.

Pepe Luis est très proche de ce point de vue : un professionnel en sait assez pour se rendre compte, dès les premières passes, si son partenaire va lui permettre de déployer son talent. Une *faena* médiocre, déraisonnablement prolongée, signifie qu'on s'est trompé ; elle dénote à la fois une erreur de jugement et une faute de goût. Décidément, il vaut mieux faire calmement retraite. Une *bronca** nourrie est dans l'ordre des choses ; elle est en tout cas moins humiliante que le silence indifférent ou quelques applaudissements de sympathie.

Le torero ne peut se départir de son apparente maîtrise sans perdre du même coup sa dignité. Elle est l'essence de son art et de son comportement. Tout réflexe de défense, toute reculade doivent être immédiatement rattrapés, et si possible réintégrés dans une figure. De même, face à un débordement ou à une mise en échec, la suprême élégance consiste, sans jamais rompre brutalement, à donner l'impression d'une négligente désinvolture. Il est inconvenant de mettre à nu les impuissances de l'art, et les maîtres véritables, dont le souvenir frappe encore Pepe Luis, sont ceux qui ont laissé croire à leur mauvais vouloir, alors que probablement ils n'en pouvaient mais, parce que le taureau était tout simplement intoréable. Grâce à cet illusionnisme de bon aloi, l'esthétique était sauve, la morale dût-elle en souffrir.

Il est cependant dommage que cette exigence du tout ou rien devienne un alibi systématiquement invoqué par certains toreros « artistes » — épithète en l'occurrence non dénuée d'ironie ; cela leur permet de faire trop souvent l'économie de leurs dons incontestables, par défaut de vaillance ou de technique, et explique leur carrière en dents de scie. Le contraste est tel que lorsqu'il leur arrive d'avoir une prestation honorable, la surprise monte à la tête des aficionados : on crie au miracle, auquel on ne croyait plus, on hume avec extase le « flacon des essences » que le maître a enfin consenti à déboucher. Sans doute le public n'est-il pas entièrement dupe et, dans les excès de son admiration ou de sa fureur, il reconnaît la part d'autosuggestion dont il est le premier à se divertir. Il s'agit malgré tout d'une mystification pour laquelle Dominguín et le *Cordobés* n'ont pas de mots assez durs. Sans l'inspiration on n'atteint pas les sommets, il est vrai, mais seul le métier peut préparer son chemin et, en attendant qu'elle surgisse, combler les vides du cœur ou du hasard. Pourtant, par une sorte d'injustice, le torero régulier — dans tous les sens du mot — est déprécié, si on en croit une réflexion désabusée de Dominguín. Comme les autres, il réalise à ses heures des *faenas* inspirées, mais elles ne produisent pas tout l'effet mérité : il a habitué les gens à un niveau constamment élevé, au point qu'ils en perdent le sens de la distance et de la valeur absolue. L'exceptionnel ne se détache plus avec autant de clarté.

La tauromachie ne serait pas un art si elle ne se proposait pas de polir la matière brute, afin que, métaphoriquement, et à l'inverse de ce qui se passe dans le cirque à mesure que l'après-midi décline, les lumières recouvrent peu à peu tous les espaces de l'ombre.

Pour être torero, il faut d'abord le paraître, se couler aussi naturellement que possible dans toutes les attitudes physiques et morales requises par cet office, et, comme l'écrivait Montherlant, ne pas laisser un seul nerf broncher. Une fois revêtu l'habit sacramentel, l'homme donne à croire qu'il est né avec sa fonction, et pour elle. Il n'a pour ainsi dire plus droit à son intériorité. C'est sans doute ce que voulait expliquer Dominguín, en déclarant un jour que le torero qui rentre dans l'arène ressemble psychologiquement à un mort. Le regard collectif exige en effet qu'il cache ses faiblesses, car si les spectateurs aspirent à s'identifier à lui, il ne saurait cependant cesser d'être exemplaire. Le charme serait rompu si n'importe qui s'imaginait pouvoir occuper sa place.

La peur ne se montre pas, et ne se partage pas. On l'assume solitairement, quand par exemple dans l'obscurité de la chambre d'hôtel on aperçoit sur la chaise l'habit de lumières, enveloppe encore vide, mais toujours rigide, dans laquelle on se moulera tout à l'heure. Dès ce moment il faudra tâcher de ne penser à rien, et de prendre un masque impassible. Lorsqu'on est passé par ce tunnel — estime Pepe Luis Vázquez —, on a déjà largement gagné son cachet. Par la suite, et avant l'ouverture des portes pour le *paseo**, on prend appui sur des gestes familiers et mécaniques : on fume, l'air absent, on bouge le cou et le menton comme si le col de la chemise démangeait, ou on rit de toutes ses dents pour décharger les nerfs.

La peur ne s'accompagne pas souvent des visions dramatiques qu'on suppose. Si on vivait avec la hantise de la blessure, confessent plusieurs matadors, on ne prendrait certainement pas le chemin des arènes. Elle est donc un sentiment plus diffus, d'où se détache plutôt le trac, comme chez tous les artistes qui ont affaire à un public.

Durant la course, la peur n'existe pratiquement pas pour celui qui torée, parce qu'il n'en a plus le temps, et parce qu'alors tout se résout de façon objective. Si l'animal présente de véritables difficultés, Ordoñez estime qu'un torero digne de ce nom ne doit se laisser blesser en aucun cas. Seule est acceptable, voire honorable, la blessure infligée par un taureau brave et noble, quand il a valu la peine que l'homme « se confie », même s'il l'a fait un peu plus que de raison.

Certes, la violence fait partie de la fête. Il y a un *memento mori* six fois visible chaque après-midi. Pourtant, la corrida est une cérémonie sans complaisance pour la morbidité. Elle est au contraire un rituel de résurrection — la saison sévillane est bien inspirée de commencer le dimanche de Pâques — où la vie et la beauté triomphent avec d'autant plus d'éclat qu'elles se sont laissées effleurer par la catastrophe. Elles ont le mot de la fin, et en cela réside bien évidemment la liberté que prend la tauromachie avec le réel.

Un tel scénario implique un équilibre délicat entre la tragédie et ce qui la conjure. Après Lorca et Bergamín, Pepe Luis stigmatise le « barbarisme » du torero qui est trop ostensiblement à la merci de ses taureaux, ou qui fait étalage d'une ridicule témérité. Inversement, une corrida dans laquelle le spectateur ne sentirait à aucun moment passer sur lui un souffle d'anxiété serait un ballet fade et pour le coup assez ignoble. Il arrive aujourd'hui que ces éléments de tragédie deviennent moins perceptibles, par suite de la faiblesse affligeante de certaines bêtes, ou de leur trop grande docilité, sans cesser pour autant d'être présents : à preuve ces deux « figures » tuées récemment par des adversaires à priori peu redoutables. On joue aussi réellement avec le feu, et de plus près, mais cela paraît moins vrai. C'est fâcheux, car la célébration du mystère commande qu'on devine un instant l'ombre de la mort, près d'un picador à terre, dans un coup de tête donné à quelques millimètres d'un corps, puis qu'elle s'efface dans la reprise du dialogue limpide entre les protagonistes, jusqu'à disparaître comme un mauvais rêve.

L'idée de la mort, cependant, ne semble pas peser beaucoup sur la psychologie du torero. Le fait de s'engager dans cette voie lui a fait admettre, une fois pour toutes, la possibilité de l'irréparable, et l'a en quelque sorte délivré de cette obsession. Autrement, il devrait s'arrêter. La mort dans l'arène est improbable et fatale, par conséquent d'ores et déjà acceptée. A en croire Luis Miguel Dominguín, elle a autant d'épaisseur qu'une mauvaise rencontre : elle ne prend pas plus de place qu'un mètre carré de terrain, qui virevolte à l'insu de tous, sur lequel il ne faut surtout pas s'aventurer à la seconde où l'on entre « dans la juridiction » du taureau. Le reste est littérature.

Les toreros parlent de la mort du taureau sans mauvaise conscience, mais avec le respect et la gratitude qu'ils ressentent pour un animal qui avant de mourir a été leur indispensable collaborateur.

Certains insistent sur l'émotion et le mérite de l'estocade qui reste incontestablement — faut-il dire que c'est justice ? — la phase la plus périlleuse de la course, le seul instant où l'homme se *croise** avec la bête aveuglément, et consomme la *suerte**, par excellence. De plus, le coup d'épée est le sceau de la possession. Il arrive au matador d'éprouver comme un sentiment de vide lorsque, après une *faena* réussie, il est contraint de s'en abstenir, par exemple au Portugal.

Tel n'est pas le cas d'Antonio Ordoñez, qui voit en l'estocade la fin et non l'aboutissement de l'art tauromachique. L'obligation de la porter à un taureau avec lequel il a réalisé de grandes choses le rend triste, puisqu'elle rompt irréversiblement une complicité unique. Il est triste, comme le serait un peintre forcé de brûler la toile à laquelle il vient de donner la dernière touche.

Pourquoi tuer ? Le silence précède souvent les réponses. En accomplissant l'acte suprême, le matador a conscience d'être l'instrument d'un destin qu'il ne lui appartient pas de justifier. La corrida est la représentation stylisée du drame de la vie. Par conséquent, comment pourrait-elle évacuer la mort ? Celle-ci est assurément plus enviable que la fin « naturelle » qui attendrait de toutes les façons l'animal, en l'acculant dans les corridors obscurs d'un abattoir. Pour y avoir assisté la rage au cœur, Andrés Vázquez affirme qu'aucune bête de combat ne mérite une telle ignominie.

Cruelle, cette fête ? Certes, mais le *Viti* veut croire qu'au-delà de la mort les hommes et les taureaux qui ont payé dans l'arène le prix du sang restent sans rancune. La cruauté est indéniable, mais dans la mesure où toute l'ordonnance du spectacle tend à la faire oublier : oublié le sang, effacée la violence quand la charge du taureau, subjugué par l'étoffe, s'étire en un glissement irréel.

L'enjeu du toreo actuel est cette brève lueur d'éternité qui récompense de tous les efforts et de toutes les peurs. On y parvient quelquefois, après avoir trouvé le *sitio**, la distance correcte pour capter l'élan de la bête, et pour accorder avec sa vitesse le mouvement du leurre. Ce point, que certains toreros recherchent comme l'œil du cyclone, en traversant pour cela des zones de turbulence (combien d'« accrochages » il en aura coûté à Belmonte, à *Manolete*, ou au *Cordobés* avant de l'atteindre !), semble être le lieu et l'instant où toute menace est annulée. Alors le combat devient un mot sans objet, puisque l'homme et le taureau, loin de s'affronter, paraissent se complaire dans une œuvre d'harmonie et de calme apesanteur. Elles sont étrangement simples, les images utilisées par les hommes de lumières pour décrire cette réalité où émerge soudain, de la brusquerie et de la souffrance, une vision d'innocence et de paradis perdu. Le *Cordobés* compare le *sitio** à un point d'eau d'où émane une bienfaisante fraîcheur, si précieuse durant l'été andalou. Il relève le fait qu'il n'a jamais forcé une bête par des passes sèches, pas plus qu'il ne lui a par principe imposé un terrain contraire à son inclination. L'entente qu'il réalisait ainsi avec ce partenaire lui fait songer qu'il était « en train de se promener avec lui dans un jardin ».

Dans de tels moments, le public n'est plus perçu que comme une rumeur chaude, fondue dans la douceur de l'air ambiant. Pepe Luis, dans son émotion, croit voir le cirque se réduire aux dimensions intimes d'une petite arène de campagne où il torée pour le plaisir de quelques amis les futures mères de taureaux braves. Hélas, il ne parvient à garder après coup aucun souvenir précis de sa « transfiguration » et il conserve seulement l'impression confuse d'avoir vécu « une chose qui n'est pas de ce monde, d'avoir rêvé à une vie antérieure ».

Mais la tension, dont cet état de grâce est l'aboutissement, est si vive qu'on peut y voir une sorte d'orgasme, comme le fait Ordoñez. C'est si vrai, renchérit Dominguín, que se produit fatalement après cela une chute d'énergie qui rend incapable d'accomplir avec la même ardeur la *faena** suivante.

Le toreo ne peut accéder à ces hauteurs sans s'élever sur ses deux piliers, qui d'une certaine manière d'ailleurs se confondent : le *dominio** et le *temple**. Sur ces deux notions, pourtant évidentes quand elles sont à l'œuvre dans l'arène, les toreros ne s'accordent pas. Leurs analyses diffèrent, selon qu'ils pensent à une harmonie préétablie et quasi immédiate entre l'homme et « son » taureau, ou qu'ils estiment qu'elle n'est pas autre chose que le fruit d'une technique éprouvée.

Pour ce qui est du *dominio**, les avis oscillent entre deux extrêmes :

— celui de Marcial Lalanda — sans doute y a-t-il aussi une question de génération — pour qui le *dominio** et la *lidia**, la science du combat, priment le reste. Le toreo proprement dit est un élément esthétique surajouté, quand on le peut, et lorsque le savoir a déjà fait place nette. Et cependant, Marcial Lalanda rend un hommage sincère aux qualités artistiques, qu'il estime ne pas avoir eues en partage, et dont il indique qu'elles sont les seules vertus « qui ne s'achètent pas » ;

— celui d'Antonio Ordoñez, qui pense tout simplement qu'aucun taureau ne s'est laissé dominer qu'il ne l'ait instinctivement voulu. Le toreo est un acte de séduction par lequel une bête et un homme se trouvent ou se refusent, en raison d'affinités aussi inexplicables que celles qui prévalent entre un homme et une femme.

Manuel Benitez développe sur ce point une théorie étonnante, mais somme toute assez proche de celle d'Ordoñez : celui qui cherche à prendre le dessus sur un taureau par des passes de *châtiment**, ou en brisant sa charge, ne joue pas le jeu. Ce rapport de force prouve qu'il n'a pas su comprendre son vis-à-vis, lui offrir la sortie qu'il réclamait, et, profitant de ce parcours, « se le passer par la ceinture ».

Le débat est complexe, car il interfère avec un autre où s'opposent finalement deux tauromachies : une tauromachie « volontariste », qui va chercher le taureau afin de s'approprier son élan, puis de l'entraîner là où il ne veut pas aller, conformément au précepte de Domingo Ortega ; et une tauromachie de tact et de patience, qui donne à la bête une distance suffisante pour la laisser « respirer », et la recueille en douceur dans l'étoffe, sans donner l'impression de l'avoir détournée de sa route.

Le deuxième pilier est le *temple** lui-même. Car la beauté naît de la lenteur des figures, et de l'accord entre les mouvements.

Qui est l'artisan de cet accord ? Le torero sans doute, encore que les réponses des intéressés ne soient pas aussi unanimes. Certains soutiennent qu'il est impossible de ralentir un taureau qui se respecte, à moins qu'il ne soit sévèrement châtié par les piques, et qu'on se trompe en assimilant le *temple* à la lenteur. L'acte de *templer* veut dire seulement qu'on est capable de mettre en phase la vitesse de déplacement du drap et celle de l'animal. C'est lui en réalité qui marque la mesure.

Pour être techniquement fondé, ce point de vue n'en est pas moins battu en brèche par l'exigence de l'esthétique moderne, surtout depuis Belmonte. On est donc conduit à penser, en particulier avec Pepe Luis Vázquez, que s'opère un changement progressif d'initiative. Si le taureau indique au début le tempo, le torero parvient peu à peu à freiner sa vitesse, et à le soumettre à son propre rythme.

Mais le *temple* ne relève pas seulement de la cinétique. Il surgit de l'accord, musical et affectif, entre les acteurs. On ne le met en œuvre — assure Vázquez — que lorsqu'on est détendu avec un taureau, et que celui-ci éprouve à son tour le même besoin de relâchement.

En sacrifiant le taureau au dernier acte, le matador triomphe, illusoirement, de la mort. Mais en réalité, la mort imprègne chaque seconde de la corrida. Elle est cette fugacité omniprésente, qui éteint les unes après les autres toutes nos étincelles de plaisir, et que le torero tente de retenir en étant ce « danseur immobile », ou cet hypnotiseur de monstres. N'est-ce pas finalement le temps, déguisé en taureau, que l'on torée et que l'on *temple* ?

Pas plus que la poésie, la tauromachie n'est capable de suspendre le vol du temps, mais elle peut du moins conférer à l'éphémère une apparence d'éternité, et donner une consistance aux formes qui s'envolent, de sorte qu'elles deviennent des formes qui pèsent. Alors les élans de l'étoffe, pure temporalité et cadence, donnent le sentiment de se fixer dans une sculpture dynamique, ciselée par le *temple*.

Il sera permis à l'artiste d'accepter plus sereinement que s'efface ce qu'il a dessiné sur le sable. Le temps en obscurcira l'image dans les mémoires, mais quelques amateurs garderont pour longtemps encore ce rythme profond du *temple*, cette « musique silencieuse du toreo » dont a parlé si bien Bergamín, et qui reste en nous comme le sillage d'un bonheur, quand il ne reste plus rien.

PEPE LUIS VÁZQUEZ

BIEN souvent, un torero se signale par ce qu'il a de plus superficiel. Mais à s'en tenir là, il ne pourrait pas occuper un rang honorable dans l'histoire de la tauromachie. Il m'est arrivé, je le reconnais, d'être inspiré, et de communiquer ce frisson, cette chose propre aux artistes du Sud. Mais j'ai ressenti dès le début l'exigence de discerner les taureaux aussitôt qu'ils sortaient dans l'arène, de saisir leurs difficultés et leurs vertus, de les étudier. Mon intuition a fait le reste. Il faut être un très bon aficionado, et même un professionnel pour apprécier cela, et comprendre le mérite de celui qui est capable de se pénétrer en un clin d'œil des réactions de l'animal. Je ne pouvais pas être torero en pensant que j'allais faire un *molinete**, un *kikiriki**, ou n'importe quelle passe du répertoire sévillan. Je devais me fixer un but plus important qui était de dominer le taureau par l'étude. On ne peut le dominer qu'avec la tête, et en se le mettant dans la tête.

Et pourtant, à certains moments je peux dire que j'ai perdu la tête. Je me suis quelquefois « soûlé », comme on dit dans l'argot taurin. Quand on se sent bien avec un taureau, on laisse libre cours à son sentiment, à cette volupté de l'ivresse, plus forte que l'intelligence. On se laisse prendre, parce qu'au fond on est un artiste.

Dans ces moments, je ne savais pas si j'étais bon ou non, mais simplement je jouissais : je jouissais incroyablement. Je croyais n'avoir personne autour de moi. Je me transfigurais, je m'imaginais dans une de ces petites arènes de *tientas**, avec trois amis autour de moi, ou avec personne. J'étais isolé du monde. C'est par cette transfiguration que je pouvais émouvoir le public, même si je le perdais de vue, même si le taureau et moi étions enfermés dans un dialogue qui ne concernait que nous.

Je n'ai jamais cru aux écoles, au toreo sévillan, au style de Ronda... Mais je pense en toute modestie que le torero de Séville, qui possède quelque grâce, la dispense au moment opportun. Celle-ci ne s'oppose pas à la profondeur. Ce n'est pas une grâce primesautière, mais plutôt un don surnaturel. Elle sait entrer en scène à un moment où personne, pas même le torero, ne sait ce qu'il va faire. On dit qu'elle règne surtout dans les passes d'*ornement**. La grâce de ces détails est fondée à mon sens sur la surprise. C'est une chose qui nous vient à l'esprit en un millième de seconde, et que personne parmi le public ne pouvait imaginer, parce que le torero lui-même n'en avait pas idée. Normalement, quand un torero entreprend quelque chose, tout le monde sait plus ou moins ce qu'il va exécuter. Mais lorsque dans l'enchaînement des passes il fait un *desplante**, ou ramène la *muleta** derrière lui sans l'avoir prémédité, le public est également surpris. C'est cela, la grâce sévillane.

On n'a qu'une seule chose en tête en commençant une *faena**, c'est de dominer le taureau. Cela veut dire se situer toujours au-dessus de lui. Pour le reste, chacun suit sa trajectoire comme il l'entend, et fait avec son partenaire ce qu'il a envie. Mais avant cela, il faut trouver l'accord avec l'animal, un accord qu'on ne cesse pas de chercher jusqu'à la fin. A la sixième passe de *muleta**, le taureau peut vous dire : je ne charge plus ; finie, ma collaboration. Celui qui ne s'en aperçoit pas est perdu. Il se ridiculise, ou il se fait blesser.

La tauromachie actuelle souffre de monotonie. La surprise et l'imagination se font rares. Le comportement du taureau en est sans doute la cause, car c'est lui qui produit l'émotion, c'est lui le protagoniste. Par la variété de ses réactions, par son agressivité, il tient le public en haleine, et le torero davantage encore. Naguère, la difficulté de trouver l'accord entre l'homme et la bête ne rendait pas les *faenas* monotones, même quand elles manquaient de brio. A mon époque[1], nous étions plus souvent mauvais que les toreros d'aujourd'hui ; mauvais au sens où nous n'étions pas brillants, car un professionnel compétent, et dont la tête fonctionne bien — je pense à un Domingo Ortega ou à un Marcial Lalanda —, ne peut à mon avis jamais être mauvais. Il est toujours techniquement parfait, même lorsqu'il ne peut tirer parti de son partenaire. Les gens sifflent, bien entendu, et s'imaginent qu'on doit pouvoir toréer tous les taureaux de la même manière. Heureusement, quelques-uns savent reconnaître cette « tête privilégiée ».

A présent, les choses sont un peu trop standardisées. Jadis, on reconnaissait les toreros de loin, simplement à leur façon de s'avancer dans l'arène. Si maintenant on en mettait vingt à toréer le dos tourné, on pourrait en distinguer certains à leur taille, mais certainement pas à leur style.

On a toujours le regret de ne pas avoir vraiment appris. Le taureau est un grand mystère. On croit qu'on sait, et

1. Entre 1940 et 1953.

sort une bête qui démontre qu'on ne sait rien. Alors on pense : tout ce temps que j'ai passé à les étudier, et en voilà un qui vient faire table rase ! C'est un animal si magnifique, et il offre une telle variété de séquences, qu'on n'en finit pas de les découvrir. Il faudrait pour cela vivre plusieurs générations. C'est pourquoi je n'ai pas atteint la hauteur à laquelle je pensais devoir me situer. Je n'ai jamais toréé d'une façon qui me laisse entièrement satisfait. Je sentais toujours que je restais légèrement en deçà de ce que l'on pouvait faire en réalité. Il me reste la conviction intime de ne pas avoir dessiné cette *faena* suprême que j'ai portée en moi. Je l'ai dessinée en imagination, mais pas dans l'arène.

Les souvenirs s'estompent. Certes, reste la trace que j'ai laissée dans l'histoire du toreo, une vision d'ensemble. Je peux à la rigueur me rappeler ce que j'ai fait à la cape un jour, six passes de *muleta**, un *quite**, mais difficilement une *faena* complète. Le toreo est mouvement, une chose qui repose dans l'air, puis disparaît. Je ne sais si, quand on quittera ce monde, on pourra se voir dans l'autre, dans l'atmosphère où tout continue de flotter. Peut-être me verrai-je un jour en train de faire une *faena* dans la Maestranza de l'au-delà, et me dirai-je : « Après tout je n'ai pas toréé si mal. »

Je me souviens de *Chicuelo* et de Rafael *El Gallo. Chicuelo* paraissait manquer de profondeur, mais quand il toréait vraiment, il était insurpassable. Je l'ai vu, dans le *campo* andalou, embarquer des vaches braves dans l'étoffe avec sa main gauche, le *compas ouvert**. C'était une merveille. Mais après avoir fait des choses aussi profondes et aussi belles, il imaginait un détail étincelant, exquis, alors qu'il était dans la vie plutôt triste et timide. Comme c'était joli ce qu'il faisait devant ces animaux ! C'était l'intuition, la grâce.

Rafael était aussi un artiste génial, immense. Il a mis la plus belle paire de banderilles que j'aie vue de ma vie. C'était dans un festival à Bilbao, organisé par le Club taurin. Il a demandé une chaise, s'est assis avec ses banderilles et a provoqué le jeune taureau. Comme celui-ci ne s'élançait pas, il a fait deux pas vers lui, s'est assis à nouveau, et l'a appelé encore une fois, les jambes croisées. Il avait plus de soixante ans ! L'animal ne chargeait pas, mais se tenait déjà en alerte, et nous étions tous anxieux. Avec une extraordinaire présence d'esprit, il a encore fait deux pas en avant, puis a replacé sa chaise, et cette fois il n'a plus croisé les jambes. Il a appelé la bête qui est venue sur lui ; il s'est levé, lui a seulement montré la jambe en faisant le *quiebro**, et le taurillon a emporté la chaise sur ses cornes. Pour répondre aux clameurs, *El Gallo* a dû faire deux tours d'arène en traînant la cape sur laquelle pleuvaient les cigares. C'était en 1944 ou 1945. Quiconque a vu la pose de cette paire s'en souviendra toute sa vie.

Rafael avait un poignet prodigieux. Déjà âgé, et en costume de ville, il se présentait chez Belmonte, et on lui disait : « Allez, Rafael ! Fais donc un *quite** à cette vache. » Il sortait sur la piste de la petite arène comme à contrecœur, et au moment le moins attendu, il dessinait une *revolera** ou il paraphait sa prestation avec une passe des plus gracieuses. Il toréait avec une grande profondeur, mais une profondeur éthérée, qui se diluait dans l'air. S'il n'avait pas été profond, je ne me souviendrais pas de lui, comme si je le voyais encore.

Dans le toreo, tout ce qu'on fait lentement a une véritable importance, et reste dans la mémoire du spectateur. Auparavant surtout, lorsque les taureaux sortaient avec cet élan et cette combativité, le torero qui arrivait à réduire leur agressivité, et qui à la quatrième passe de *muleta** mettait l'animal en accord avec son *temple**, était un prodige. Au début, c'est le taureau qui indique à l'homme la vitesse adéquate. Mais peu à peu ce dernier, s'il est bon, parvient à ralentir cette vitesse et à l'accorder avec lui-même. Là est toute l'intelligence, la science, et l'histoire de la tauromachie.

Le *temple* est une question d'intuition. Cela vient moins de la tête que du cœur, du sentiment. On est d'abord sur ses gardes, un peu crispé, et on essaie de mettre le taureau à la bonne cadence. Quand on y est arrivé, on se relâche, et la bête est tellement en harmonie avec l'homme, qu'il semble que celui-ci lui inculque son propre relâchement. Elle prend un autre rythme et épouse le *temple*. C'est une chose voluptueuse. C'est comme si on était avec une personne anxieuse et agressive, et qu'on lui montrait ou lui disait quelque chose qui l'apaise.

En s'imposant au taureau, le torero cherche à élucider son intériorité, sa manière de passer dans la vie. Il se dit en lui-même : « Voyons si j'arrive à communiquer cela. » Même si mon œuvre appartient au règne de l'air, puisqu'elle se dissipe à tout jamais, qu'elle reste au moins dans la pensée de quelqu'un. Alors il éprouve la jouissance d'exprimer une forme artistique. Le peintre jouit quand il peint, et quand il termine son œuvre, il voit sa jouissance devenue réalité. Le tableau est là. Évidemment, le torero, lui, ne le voit pas, car sa peinture est la chose la plus volatile du monde. Du moins, au moment où il peint, il se sent profondément en harmonie avec le taureau, et du même coup avec le public.

Son triomphe n'est comparable à rien d'autre. C'est une réussite presque parfaite.

Le démon de l'inspiration, le *duende*, n'est la propriété de personne. Il ne sert de rien de l'appeler quand on en a besoin ; il surgit, et s'en va comme par magie. Mon style a pu plaire ou déplaire, mais je me suis toujours considéré comme un torero honnête, incapable de donner le change. Il y a des moments en tauromachie où, pour remplir son contrat, on peut faire des choses un peu superficielles, et on s'en sort. Moi, je n'ai jamais su faire ça. J'ai préféré qu'on me siffle, qu'on m'accuse de désinvolture, mais non pas qu'on pense que j'essayais de masquer mon impossibilité d'être bien avec un taureau, bien de la façon qui me convenait. Quand les choses n'étaient pas claires, je m'appuyais sur ma technique, et je ne me laissais pas acculer. Fort heureusement, pratiquement aucun taureau ne m'a acculé. On me sifflait, mais au moins j'avais la tranquillité de penser que je n'avais pas fait semblant.

L'inspiration de l'homme surgit, à mon avis, à l'instant où le taureau est lui-même inspiré. A Lucena, où je ne sais même plus s'il reste une arène, j'ai toréé un des meilleurs taureaux de mon existence, parce que j'ai trouvé l'accord parfait avec lui. On ne peut pas être inspiré avec une bête qui veut vous accrocher le ventre. Là, on est au contraire bien inspiré de faire très attention. C'est dire que la nonchalance n'existe pas. Mais les bons toreros, qui ont assimilé la technique, donnent l'impression — c'est le moment de dire clairement les choses — qu'ils ne veulent rien faire, et ça c'est formidable. Affronter un mauvais taureau, lui donner la *lidia** qu'il mérite en faisant croire aux gens qu'on n'en a pas envie, ou que l'animal est sans problème, ce sont des choses que j'ai vu faire à des professionnels tels que Domingo Ortega, Marcial Lalanda, ou Pepe Bienvenida. Lorsqu'ils ne brillaient pas, ils apparaissaient en tout cas comme d'authentiques toreros. Ils donnaient l'impression qu'ils ne voulaient pas s'efforcer, et que le taureau était bon. Ce n'était pas vrai. Mais au fond c'est une bonne chose : on évite de donner le sentiment d'une impuissance, surtout si le métier ne laisse pas percevoir la mauvaise qualité de la bête. L'erreur est d'entreprendre ce qu'à l'évidence on ne peut pas réussir. Briller avec des taureaux qui ne s'y prêtent pas est impossible, et être passable est peu esthétique.

Dans la corrida, l'émotion tient au comportement d'un taureau digne de ce nom, mais aussi au risque calculé que prend l'homme. Quand il se livre vraiment, quelle que soit l'excellence de son partenaire, il doit se situer là où l'animal peut le prendre. L'émotion du public est à ce prix : il faut qu'il se rende compte qu'à la première erreur du taureau, ou du torero, la blessure peut se produire. Par conséquent, il ne faut pas se situer sur le flanc de la bête, ou hors de portée des cornes, car les gens pensent inévitablement : « Celui-là, si on ne lui jette pas une corne, il ne se fera jamais prendre ! » Au contraire, si on se *croise** comme il faut, le public reste en suspens. Personne n'a envie que le taureau prenne l'homme, mais il faut que cela paraisse possible. Si on est loin du danger, on pourra toréer de ravissante manière, mais cela sera fade. L'émotion artistique a beaucoup plus de valeur que celle que donne la sensation du risque, mais celle-ci doit toujours avoir sa place.

La peur tout court pèse beaucoup moins pour nous que le trac, la peur du ridicule. Elle est bien réelle cependant, et moi qui ai passé tant de temps dans ce métier, et qui ai souvent médité sur elle, je crois que cette peur est nécessaire. Elle nous pousse à faire fonctionner notre tête beaucoup plus vite.

Le courage, naturellement, on le prouve dès l'instant où on supporte la vue du costume de lumières plié sur la chaise, et où on tient le coup jusqu'à l'heure de s'habiller au lieu de tout planter. Quant au trac, on vit avec lui jusqu'au moment de sortir dans l'arène ; après, tout s'évanouit.

La peur est aussi importante que le courage. Ils se complètent : avec le courage seul, on bouscule la raison, et on court à la catastrophe. Avec la peur seule on n'arrive à rien, parce que tout est bousculé. Mais la peur disparaît quand on se livre totalement avec un animal qui est fait pour soi. La preuve en est que ceux qui, comme moi, donnent l'impression d'être peureux, sont blessés gravement quand ils se font prendre, sans doute parce que le plaisir est si grand qu'ils passent les bornes. Normalement, on ne doit jamais se faire accrocher. Mais si cela arrive, il faut que ce soit avec un bon taureau, et qu'on soit seulement victime d'un excès de confiance.

Manolete a mis la tauromachie sur une voie sans issue, car il a habitué les gens à penser qu'on pouvait être bien avec quatre-vingt-dix pour cent des taureaux. Cette impossibilité, lui, il l'a réalisée, en mettant un an ou deux à trouver un endroit très près du taureau, légèrement à l'extérieur de la corne. De cette façon, les bêtes médiocres marchaient avec lui. Avec nous, ça n'allait pas, parce que nous nous placions là où les taureaux devaient venir d'assez loin. Parfois ils venaient, et parfois ils restaient à moitié chemin. *Manolete*, en revanche, marchait vers la bête, lui donnait deux ou trois passes, se mettait alors très près d'elle, et en tirait parti dans la plupart des cas. De surcroît, il avait une grande personnalité et du courage. Cette réussite lui a rapporté beaucoup d'argent et une extraordinaire autorité. Mais il s'était mis dans un cul-de-sac, et quand nous voyagions ensemble dans le train, il me disait souvent : « José, je suis fatigué de toute cette responsabilité. » Elle lui donnait en effet beaucoup d'argent, mais elle l'empêchait de vivre.

J'ai compris très vite que ce style n'était pas le mien. Je devais exécuter le toreo selon ma conception. C'était une autre manière, qui ne me permettait pas d'être bien aussi souvent que *Manolete*. Les gens devaient prendre l'habitude de m'attendre. Ou on m'attendait, ou on me renvoyait chez moi ; telle était l'alternative. Le public a fini par m'admettre comme j'étais et par penser : c'est vrai que Pepe Luis est bien une fois sur six par rapport à *Manolete*. Mais quand c'est le cas, ça vaut la peine. Voilà l'histoire de la rivalité qui n'a pas eu lieu, parce qu'elle était impossible.

Pendant les quelques années qui ont suivi sa mort, *Manolete* a fait école : cette verticalité... Il en reste encore quelque chose. Mais le toreo aspire toujours aux normes classiques. Il a ses déviations, ses styles, qui sont tous plausibles, car tout ce qu'on fait devant un taureau, avec courage et de près, a sa valeur. Mais le classicisme finit par l'emporter. Il faut pour cela une bête qui bouge, et qui par conséquent donne de l'émotion. Un taureau immobile n'en donne pas, et malgré tout il peut vous blesser tout autant, ce qui est un comble. Il en va de même avec les toreros. Beaucoup se mettent à un endroit où l'on n'a pas le sentiment qu'ils puissent se faire prendre. Mais si tout d'un coup vient un torero — c'est le cas d'Ojeda — qui se place à l'endroit critique, qui se *croise**, il donne de l'émotion. Et pourtant le taureau d'Ojeda est le même que celui des autres.

A Valladolid en 1951, je me souviens de m'être évadé complètement du public et de la réalité environnante. C'était une course où jusque-là rien d'extraordinaire ne s'était produit. Il y avait Manolo Gonzalez, Dominguín, le *Litri* et moi. Après les piques, j'ai entrevu les qualités du Villagodio. J'ai pris l'épée, la *muleta**, et le taureau a commencé à s'harmoniser avec moi, et moi avec lui. Avant que j'aie eu le temps de me rendre compte, j'étais au milieu de l'arène, et je ne savais pas ce qui s'était passé. Je l'avais très bien toréé, au centre de la piste je lui avais porté l'estocade, et le taureau s'était écroulé en sortant des plis de la *muleta*.

J'étais comme un somnambule, j'avais perdu la notion du lieu où j'étais. Le public n'était que clameur, mais je ne m'en apercevais pas. Je marchais la tête basse vers la barrière, et en y arrivant j'ai laissé tomber la *muleta*. Je suis revenu à moi et j'ai vu comme Luis Miguel, Gonzalez, et le *Litri* me félicitaient. Je me suis presque réveillé, car ce fut comme une espèce de rêve. J'ai coupé la queue, la patte, mais cela m'était égal.

L'émotion et l'euphorie qu'il y avait là ne peuvent pas être captées par une caméra. Je me suis rendu compte que j'étais devant le taureau, en train de toréer avec un grand plaisir, que nous étions seuls, lui et moi, que je ne savais plus rien, ni de mes hommes, ni de personne. On peut dire que c'est comme une soûlerie, puisqu'on ne sait pas le lendemain ce qui s'est passé la veille, ou une transfiguration, une chose qui n'est pas de ce monde, comme si on avait rêvé à une vie antérieure. Oui, cette *faena** est sans doute celle qui m'a rempli le plus, pour cette raison même que je ne m'en souviens pas. Je devais être hors de moi-même.

La mort ne cesse d'accompagner les toreros. Non seulement elle est notre compagne, mais nous la voyons de temps à autre. Élle nous devient familière, car elle peut surgir à tout moment. Surtout à l'époque dont je parle, nous la voyions avec assez de fréquence. Elle étendait son ombre sur les chevaux des picadors. Ils étaient désarticulés comme des mannequins. Ce n'est pas que nous pressentions la mort, car il ne nous semblait pas que nous allions mourir, autrement nous ne serions sûrement pas venus toréer, mais nous savions qu'elle était par là. Nous nous regardions le visage, et nous savions qu'elle s'y trouvait reflétée. On l'entrevoyait. Cette sensation se transmettait aussi au public : en regardant le cheval, il se disait : « Diable ! Si le taureau a traité ainsi cet animal, pour peu qu'il attrape un de ces garçons, il en fera un chiffon ! » Cette impression n'est pas aussi forte aujourd'hui. Entendons-nous : la mort existe tout autant, mais elle se voit moins. Elle reste cachée quelque part. Naguère, elle était plus franche. Maintenant, elle se camoufle dans le caparaçon du cheval, dans le percheron lui-même. En tout cas elle est bien là, car les coups de corne restent une réalité. Là où il y a un taureau, il y a une mort. C'est la grandeur du toreo : à un moment donné on voit la camarde en pleine lumière, dans l'accident d'un banderillero, dans un cheval éventré. Telle est la vérité de cette fête : la tragédie. Et on passe brusquement à un moment sublime d'art et de transparence, et la mort s'efface ; elle disparaît de la pensée du spectateur.

On ne peut pas toréer en étant obsédé par la mort. En revanche, il faut avoir l'obsession de la vaincre avec intelligence et avec art. La question est d'abord de vaincre le taureau, ce qui revient à vaincre la mort. Et si on l'a vaincue avec un toreo allègre et savant, la beauté est complète. C'est la récompense de ces instants pénibles passés dans la chambre d'hôtel, lorsque le torero attend, comme un condamné à la peine capitale, les yeux fixés sur l'habit de lumières.

Si on m'écoutait, on ne téléviserait aucune corrida. La télévision est une chose froide, qui gomme l'intensité de l'ambiance, et qui fait voir les défauts des matadors ; or, nous en avons beaucoup, mais avec le taureau et l'émotion de l'arène ils ne se voient pas. En outre, la télévision a son propre défaut, qui est de faire croire que presque tous les taureaux sont bons, et que l'homme n'est pas à la hauteur. Non, décidément le toreo n'est pas un art qui puisse être conservé sur une bande, mais dans la pensée ou dans un coin du cœur d'un spectateur sensible, qui en voyant une chose qui lui plaît, la conserve dans sa rétine.

LUIS MIGUEL DOMINGUÍN

JE ne suis pas un pilier de bars taurins. Ces réunions dans les cafés où chaque ancien torero raconte ses exploits, et célèbre au besoin ceux du voisin en lui passant la main dans le dos, ça m'a toujours donné un peu la nausée. J'ai essayé d'échapper à ce milieu, non seulement à cause de ça, mais parce que j'avais peur que les arbres ne me cachent la forêt. Je voulais me désintoxiquer, et connaître d'autres expériences, qui d'ailleurs pouvaient m'être utiles pour ma profession. Même le monde d'Hollywood, dans ce qu'il avait de bien et de mal, a pu m'aider à échafauder ma philosophie taurine. J'aimais aussi aller à Paris, ou n'importe où ailleurs, pour connaître l'idée qu'on se faisait de la corrida en dehors du monde taurin.

Bien évidemment, les idées des autres artistes que je rencontrais étaient totalement différentes des miennes. Cocteau cherchait dans cette fête une forme poétique ; Picasso s'intéressait à tout ce qui était mouvement, violence, aux scènes où s'affrontaient le taureau et le torero. Il disait souvent qu'il aurait aimé être picador plutôt que peintre. Dali y voyait l'image mythologique du Minotaure, et d'autres choses un peu extravagantes. Buñuel enfin y découvrait une volupté qui était à la fois mystique et érotique. Toutes ces interprétations ne me paraissaient pas toujours pertinentes, mais elles m'intéressaient. Cocteau par exemple pensait que la tauromachie était avant tout un ballet. Et moi je soutiens que le torero doit toujours être un danseur arrêté, immobile, avec ce rythme et cette cadence que nous appelons dans l'argot taurin le *temple** et le *mando**.

Picasso était passionné par les taureaux, ce qui ne veut pas dire qu'il était connaisseur. Tout est relatif, évidemment. Comparé à un professionnel, il ne connaissait rien du taureau. Il ne savait pas distinguer, quand l'animal chargeait, si celui-ci donnait de la pointe, ou restait court dans sa charge ; bref, il ne voyait pas toutes ces choses qui échappent au simple amateur. Il y a même très peu de professionnels avec lesquels on puisse parler taureaux ; dans la plupart des cas ils toréent par instinct ou par habitude.

Picasso était intéressé par toute cette ambiance qu'il a reflétée dans de nombreuses peintures. Lorsque j'ai commencé à toréer dans le Midi, Cocteau a voulu me faire rencontrer Picasso. La première fois qu'on nous a présentés, ça n'a pas très bien marché entre nous. Je n'avais d'ailleurs pas encore dédié un taureau à Pablo, alors qu'il venait à toutes mes corridas. Nous avons dîné plusieurs fois ensemble, et un jour nous nous sommes découvert des atomes crochus. Je lui ai dédié un taureau, et il m'a dit qu'il allait me faire un dessin, que ça valait mieux que de me faire cadeau d'une montre en or ; je n'avais qu'à revenir le voir, une fois ma saison terminée. En réalité, je ne suis pas allé chez lui après ma dernière corrida. Je n'avais qu'un mois de vacances par an, j'avais un peu plus de vingt ans, et je voulais profiter de mon temps à mon gré, surtout avec tous les sacrifices qu'exige ma profession. Je le retrouve la saison suivante, et il me dit :

— Normalement, quand je promets à quelqu'un de le peindre, et de lui faire cadeau du tableau, il vient tout de suite.

— Pablo, essaie de me comprendre. Je veux que tu me peignes lorsque tu me connaîtras bien. Si c'est pour faire un dessin de moi, ça ne m'intéresse pas ; autant me faire faire une photo.

Cette réponse l'enchanta.

Presque tous les hivers j'allais le voir quelques jours, et mes enfants allaient chez lui l'été. Quand je me suis retiré des taureaux, on se voyait très souvent. Un jour il me déclara :

— Décidément, je ne peux pas te peindre. J'ai essayé plusieurs fois, et ça ne sort pas. C'est terrible, parce que quand tu torées, je ne peux même pas peindre un taureau brave !

Il était très drôle, et c'était un homme simple, humain, et extrêmement ingénu. Les gens ne connaissent pas la véritable personnalité de Pablo Picasso. Je crois qu'il était génial, parce que si on me présentait mille tableaux, et bien que je ne connaisse rien à la peinture, je reconnaîtrais un Picasso. Les corridas l'obsédaient, parce qu'il y voyait à l'œuvre une force sans commune mesure avec celles que reflètent les autres expressions artistiques.

J'ai écrit à la demande de Pablo un prologue pour ses peintures et ses dessins taurins. Quelque temps après, et devant le succès de cette édition qui s'est immédiatement vendue, et qui a été traduite en cinq langues, il a voulu que je fasse avec lui une véritable *Tauromachie*. Il me proposait en échange de mon texte de me faire cadeau de tous les dessins originaux. Je lui ai répondu :

— La vérité, Pablo, c'est que je ne peux pas faire une tauromachie. Quoi que je dise, si je suis honnête, il faudra que je confesse au bout du compte que ça ne sert à rien. Nul ne peut pénétrer la psychologie d'une personne au moment où elle est en train de toréer. La résolution qu'elle va prendre diffère suivant son état d'esprit. C'est pour cela qu'en tauromachie tout est relatif.

La corrida est une fête où l'on palpe la vie et la mort, pas seulement celle du taureau. Je pense à *Paquirri* et au *Yiyo*. Ce dernier avait vingt et un ans, il était en train de devenir une grande figure de la tauromachie. Pour lui tout s'est terminé dans une arène de troisième ordre, comme *Paquirri*. Je suis convaincu que la mort est comme un mètre carré qui tourbillonne dans l'arène. Le torero ne doit pas marcher dessus quand le taureau vient vers lui, mais personne ne sait où se situe ce mètre carré. C'est sans doute cela, le destin.

La tauromachie est une réalité si enracinée en Espagne, elle exprime si bien la psychologie de notre peuple, que je ne vois pas comment elle pourrait disparaître. Je souris quand j'entends dire qu'elle est en décadence, car si on relit les journaux du siècle passé, *Sol y Sombra* par exemple, on y trouve les mêmes lamentations sur la chute des taureaux ou sur le goût du public qui s'est altéré. Je sais bien, aujourd'hui il y a le football. Mais si on programmait vingt-quatre parties de suite, comme on le fait pour les corridas de la San Isidro, je ne suis pas sûr que le stade se remplirait comme les arènes.

Il est vrai que, pour se soigner les nerfs, les gens éprouvent un grand besoin aujourd'hui de quitter les villes et de respirer un peu d'air pur le samedi et le dimanche. Tout ceci les éloigne du monde de la corrida, même si par un autre biais la voiture peut être le meilleur chemin pour rencontrer la mort.

Je me souviens d'une conversation que j'ai eue avec Jackie Stewart, durant le Grand Prix de Monte-Carlo. Il me demandait ce qui selon moi, de la tauromachie ou de la Formule 1, comportait le plus de risque, et exigeait le plus de courage. Je lui ai répondu qu'à mon sens la Formule 1 était plus risquée, puisqu'elle tuait plus d'hommes que les taureaux, mais qu'il fallait plus de courage pour toréer. Le pilote fait corps avec sa machine, il peut avoir un ennui mécanique, accrocher un concurrent, ou sortir de la route. Il n'empêche qu'il maîtrise son instrument ; celui-ci n'a plus de mystère pour lui. En revanche, chaque taureau qui sort est unique. Chacun exige un jeu différent ; c'est un peu comme si une voiture ne réagissait jamais de la même manière dans les virages. Et puis, quand on torée, on a à chaque seconde la mort en face de soi. Elle est omniprésente dans ces cornes et dans ce regard opaque. La plus petite erreur, et c'est l'accrochage, dont on ne sait jamais, quand il survient, s'il se limitera à une simple culbute, ou s'il sera la mort.

C'est pourquoi un torero qui entre dans l'arène a besoin de toute sa concentration. Je ne comprends pas que dans le *patio* des chevaux on laisse entrer et sortir tant de gens qui n'ont rien à y faire. On se précipite sur le torero, on l'embrasse : « Viens, il faut que je te présente *Fulanito*. — Et vous, qui êtes-vous ? — Mais enfin ! Tu ne te rappelles pas qu'il y a trois ans, à Murcie, *Menganito* nous a présentés dans le *patio* des chevaux ? — Écoutez ! Chaque année je fais cent *ferias*. Comment voulez-vous que je me souvienne de vous ? Laissez-moi donc tranquille ! »

Parfois des gens venaient me prendre la *montera**, et s'en coiffaient. Je ne suis pas superstitieux, mais tout de même, un peu de considération, s'il vous plaît ! Pourquoi nous, les toreros, ne pourrions-nous pas exiger du public le même silence que les joueurs de tennis ? Et pourtant, en tauromachie, il faut créer de l'art à heure fixe, avec un animal différent chaque fois. C'est la grande difficulté. Picasso, bien souvent, regardait ses tableaux sans rien faire. Brusquement, il prenait son pinceau, et il travaillait à son œuvre dix heures d'affilée. Il peignait deux ou trois tableaux à la fois, et il les peaufinait comme il voulait. Généralement, tous les artistes créent de l'art selon leur inspiration. C'est la raison pour laquelle je soutiens que je n'ai jamais toréé un taureau parfaitement, comme je l'aurais voulu. Toujours, en y repensant, j'ai relevé des défauts. Les choses dépendent beaucoup du moment.

Je me rappelle une des meilleures corridas de ma vie. Ce fut dans une petite ville d'Andalousie. Si je n'avais pas eu ma conscience professionnelle, cet après-midi-là, je ne serais pas allé toréer. J'étais épuisé. C'était le mois d'août, à Antequera, et il faisait une chaleur horrible. Deux amis m'avaient pris en voiture à Malaga, et je leur disais : « Si je pouvais, tout ce que j'ai gagné au cours de cette saison, je le donnerais pour ne pas toréer cet après-midi. » En arrivant à Antequera, j'ai demandé qu'on me laisse seul dans une chambre, pour essayer de me reposer et de me concentrer un peu. Je me suis habillé, et je me suis rendu aux arènes sans aucune envie. Brusquement, je ne sais pas ce qui s'est passé, quelque chose a surgi, et ce fut un des meilleurs après-midi de ma vie.

Certes, l'inspiration n'est pas tout. Il faut avoir le sens de la responsabilité, se respecter soi-même, et surtout être un bon professionnel. On se maintient avec les recours que donne le métier, et on peut ainsi attendre, en donnant un spectacle convenable, le moment où s'accorderont la grâce de l'instant, le taureau, et la psychologie de l'homme. Il m'est arrivé d'être bien pour le public, sans être inspiré, parce que je cachais cela par mon professionnalisme. Les gens donnent à certains toreros, qui se distinguent par leur irrégularité, le qualificatif d'*artistes*. Non, ces toreros sont souvent des *sans honte*. Le jour où ils n'ont pas envie, ils se débarrassent du taureau, un point c'est tout. Moi, le jour où je n'ai pas envie, je m'efforce de faire quelque chose. On m'a donné la réputation d'être capable de toréer quatre-vingt-dix pour cent des taureaux. Le résultat est que l'après-midi où je toréais avec un réel plaisir, je faisais vibrer davantage le public, c'est évident, mais cela ne le marquait pas tellement, puisque j'étais bon assez souvent. En revanche, ce torero qu'on appelle *artiste*, quand par extraordinaire il est dans un bon jour, les gens se prennent la tête à deux mains, font des envolées lyriques sur l'inspiration et l'art. Ce sont des histoires d'abracadabra !

Pourtant, c'est vrai, l'inspiration surgit au moment le plus inattendu. Elle peut s'éveiller dans des arènes sans importance, et vous abandonner à Madrid et à Séville. L'ambiance de la foule peut être un jour particulièrement stimulante pour le torero. Quant à moi, ce qui m'aiguillonnait, c'était l'injustice, les cris. Le public le savait bien, et ne s'en privait pas. J'arrivais par exemple à Saragosse en octobre, pour les dernières corridas de la saison. Généralement, dans cette *feria* la fatigue des toreros se fait sentir. Moi, c'était le contraire. Plus j'avançais dans la saison taurine, et plus j'étais chauffé. J'arrivais à Saragosse avec une très grande envie de toréer. Le public était dur avec moi, et la dernière corrida, au dernier taureau, on me donnait les oreilles, mais à contrecœur, et il y avait de l'orage sur les gradins. Il y avait cette passion qui malheureusement fait défaut dans la tauromachie actuelle. Je m'y prêtais d'autant plus volontiers qu'elle constituait pour moi un défi. Quand un jour, au beau milieu d'une *faena**, j'ai levé bien haut l'index pour affirmer que j'étais le numéro un, je savais que par une telle audace je ne pouvais faire du tort qu'à moi-même, et que par la suite on ne me passerait rien. En vérité, contrairement à ce qu'on pense, je suis un peu velléitaire, et même j'ai une certaine mollesse de tempérament, jusqu'à ce que je me pique. Le public m'aidait à me fâcher et à trouver en moi l'énergie suffisante pour lui tenir tête. Certes, parfois l'injustice me faisait mal, mais même ainsi, je faisais mon possible pour provoquer cette passion dont je m'alimentais.

La psychologie du public dans les arènes est particulière. Dans un lieu fermé, il serait sans doute plus mesuré dans ses réactions, car il se sentirait en quelque sorte localisé. A l'air libre, il est toujours plus redoutable, parce qu'il n'est plus tenu par des contraintes et qu'il peut se défouler. Les gens se permettent ce qu'ils ne peuvent pas faire au bureau avec leur chef, ou chez eux avec leur femme. D'autres ont une envie irrépressible d'être acteurs et de se faire voir. Ils se lèvent, gesticulent, et lancent des insultes tant qu'ils peuvent. Ils portent d'habitude un costume clair, un œillet à la boutonnière, et ils viennent toujours à la même place pour qu'on dise dès qu'ils apparaissent : « Tiens, voici *Fulanito*, l'homme à l'œillet du gradin 7. »

Lorsque j'ai commencé, je me suis aperçu que je n'arrivais pas à chauffer le public avec ma façon de toréer. Ce que je faisais semblait facile. Certains me criaient même du haut des gradins : « Je pourrais en faire autant ! » Un jour le président de la course m'a adressé une réprimande parce que je m'étais éloigné du taureau pour dire à l'un de ces intrépides spectateurs : « Eh bien allez-y ! Voici l'épée et la *muleta.* » Le taureau était très difficile, mais avec mon toreo il ne le paraissait pas. Je voulais susciter les passions sans pour autant pratiquer un toreo qui ne me plaisait pas. Ce qui est difficile à mon sens est de rendre facile la difficulté. Les toreros qui jouent sur le frisson ne font que l'étalage de leur ignorance. C'est l'histoire du funambule : il marche avec assurance sur le fil, et les gens trouvent ça tout naturel ; il commence à tituber, et la foule s'enthousiasme : « Attention ! Il va tomber ! »

Je me rappelle une réflexion de mon fils Miguel, qui devait avoir douze ans, et qui ne m'avait jamais vu toréer. Avant de l'envoyer en Angleterre, je l'ai emmené pour qu'il me voie à Barcelone et en Arles. A Barcelone, j'ai coupé les oreilles. Un journaliste a demandé à Miguel ce qu'il avait pensé de la prestation de son père : « Je pense que mon père devrait gagner moins d'argent que les autres, parce que ça lui coûte moins d'efforts. » C'était une grande erreur, mais au fond un très joli compliment. Personne ne sait les efforts que ça me coûte, je ne le montre pas. Personne ne connaît ma peur, parce que je ne la laisse pas voir. La peur et le courage sont des choses qu'il faut maîtriser le mieux possible. C'est comme pour un pneu : si on laisse le moindre trou, l'air se précipite, et le trou ne cesse de s'agrandir. Faites tout ce qui vous donne peur, si vous voulez paraître courageux, ou en tout cas dominer la peur.

Pour être courageux, je dirais qu'il faut avoir peur d'avoir peur, ou avoir davantage peur d'autre chose : davantage peur du ridicule, du qu'en-dira-t-on, de la prison, de l'avenir, dès lors qu'on sait qu'il n'y a pas d'autre solution dans la vie, et qu'on ne peut plus reculer.

La tauromachie repose sur un principe simple : le taureau

charge ce qu'il considère comme l'ennemi. Il faut donc lui mettre dans la tête que l'ennemi est le drap qu'on fait bouger devant lui, et non pas l'homme qui se tient à côté. Quand les taureaux accrochent plusieurs fois de la corne la cape ou la *muleta**, les choses tournent mal. Il ne faut surtout pas qu'ils touchent l'étoffe, car dès que la bête sent un contact avec sa corne, elle donne un coup de tête, et elle finit par ne plus faire que cela. Par la *lidia** on peut « arranger » beaucoup de taureaux. Mais il ne s'agit pas pour autant de les contrarier systématiquement. Souvent, il faut au contraire leur donner l'espace que leur instinct réclame, afin qu'ils se fixent sur le drap comme si celui-ci les aimantait, et alors le torero peut insensiblement les ramener sur le terrain qui lui convient à lui, là où il lui sera possible de briller et de plaire au public.

Il arrive que le taureau change son comportement durant la course. Ce changement se produit surtout durant la phase des banderilles. Je me souviens d'un taureau à Valladolid, qui n'avait pas pris une seule pique. Les gens criaient pour le faire retirer de l'arène, mais je les ai calmés, et ils m'ont fait confiance. A la première paire de banderilles, le taureau fit un bond en l'air, signe de couardise, mais je pensais qu'il allait s'améliorer, et je misai tout là-dessus. J'obtins avec lui un grand succès.

Il m'est arrivé la même chose avec un taureau de Domingo Ortega au Puerto de Santamaria. Pas moyen de le faire charger. Je m'approchais de lui avec la cape, mais arrivé à une certaine distance, le taureau faisait volte-face et s'enfuyait. Je recommençais à aller vers lui, mais quand je savais que j'allais atteindre la limite fatidique, c'est moi qui courais en arrière. Peu à peu le taureau prenait confiance. Je faisais en sorte de ne faire aucun mouvement brusque, pour ne pas l'effrayer. Je lui montrais la cape, il faisait quelques pas, et repartait. Je m'avançais à nouveau. Ce manège dura dix minutes, dans un silence impressionnant. Le taureau se mit à suivre la cape pendant que je courais. Je demandai enfin au président de faire sortir les picadors. Je savais que le taureau n'allait pas charger le cheval. Effectivement, il fallut en venir aux banderilles noires réservées aux *mansos**. Enfin, le taureau s'échauffa, et avec la *muleta** ce fut un animal non pas précisement brave, mais possible.

Certains jours, pour des raisons diverses, des problèmes psychologiques ou personnels, j'étais moins soucieux d'attendre et d'observer le taureau. Ces jours-là, j'étais prêt à tout bousculer, à lutter, à mourir avec le taureau s'il le fallait. Je ne voulais rien lui consentir, j'exigeais au contraire qu'il se plie entièrement à ma volonté. C'est une question d'état d'âme. Généralement, il importe avant tout d'étudier la bête, de s'adapter aux circonstances, d'observer. A qui sait l'écouter, le taureau dit tout. Il commence à regarder d'une certaine manière, et dès ce moment il renonce à sa bravoure, il cherche un refuge. Comme tous les animaux, il a un sens de l'orientation extrêmement développé. Lorsqu'il est blessé à mort, il recherche l'abri des barrières, parce que là il se sent à couvert, et qu'il peut mieux se défendre contre les hommes qui l'entourent.

La rivalité entre Ordoñez et moi-même, décrite par Hemingway dans *L'Été sanglant*, est de mon invention. Je voulais avant de me retirer de l'arène susciter un peu de passion, et reporter l'attention du public sur Ordoñez. Il était marié avec l'une de mes sœurs, et à cette époque il vivait chez nous. Nous étions étroitement liés.

Hemingway fut au début un de mes chauds partisans. Il assistait à toutes les corridas où je toréais. Il avait cependant un défaut : la vanité. Il voulait qu'on l'appelle *Papa*, et non pas Ernesto. Il aimait être le centre des conversations, et parfois il disait des sottises auxquelles les gens applaudissaient. Sur ce point, il y avait une grande différence entre lui et le philosophe José Ortega y Gasset, qui acceptait volontiers la contradiction. Ce dernier m'invitait souvent seul à déjeuner. J'avais vingt-deux ans, et je me demandais si ce n'était pas pour se moquer de moi. Il me rassurait en me disant que de ces discussions il pourrait sans doute tirer quelques idées. Picasso était comme lui. Un jour qu'il était en train de peindre, mon fils lui dit qu'il voulait aussi travailler sur la toile : « Eh bien, prends un pinceau et vas-y. » Sans le moindre complexe, Miguel se mit à peindre sur le tableau. Je bondis en poussant un cri, mais Picasso me fit signe de le laisser : « Tous les traits donnent une idée. » Il était en train de peindre une femme nue, et ce fut à la fin un coq de combat. Il brodait en riant sur chacun des traits que faisait mon fils.

Ce n'était pas le genre de Hemingway, et moi je n'avais pas envie de m'aplatir devant lui. Je lui dis une fois : « Ernesto, rends-toi compte que tu t'y connais beaucoup en tauromachie, comparé aux Américains. Mais comparé, non pas à un professionnel, mais même à un *aficionado* espagnol, tu n'y connais rien. Tu as peut-être vu cinquante corridas, et un aficionado qui se respecte en a vu cinq cents. De plus, il vit dans cette ambiance toute l'année, écoutant parler, et parlant lui-même de taureaux. » Il n'aimait pas que je lui tienne de tels propos en public.

Je fis un voyage aux États-Unis, et il m'invita dans sa maison de La Havane. Quand je repartis, il me raccompagna à l'aéroport, et déclara aux journalistes qui lui avaient demandé les raisons de ma visite, que j'allais retoréer — j'étais en effet resté un an inactif, à cause d'une grave blessure — et que j'étais venu lui demander ce que je devais faire pour avoir de l'impact sur le public. L'information avait très vite fait son chemin, et à mon arrivée à New York une vingtaine de journalistes m'attendaient. Je leur dis que ceci me paraissait une plaisanterie, et qu'Ernesto n'avait pu dire une telle bêtise sérieusement. Hemingway persista par orgueil dans ses déclarations, et affirma que j'étais venu lui demander des conseils, parce que j'étais un torero qui n'arrivait pas à émouvoir les gens. Je toréais depuis vingt ans. Si je n'avais pas réussi à émouvoir le public, comment aurais-je pu me maintenir en première ligne durant tant d'années ? En toute autre circonstance, j'aurais laissé tomber cette querelle. Mais j'étais alors dans une période difficile, et quand on m'interrogea sur Hemingway en tant qu'écrivain de tauromachie, et sur son prix Nobel, je répondis : « Je crois qu'Ernesto est le prix Nobel du plan Marshall. » Il ne m'a jamais pardonné cette réflexion, et c'est alors qu'il est devenu partisan d'Ordoñez, même s'il continuait à me voir, et à me rendre visite avant les corridas.

Hemingway a raison de dire dans *L'Été sanglant* que je manquais d'allant. C'était une époque où j'étais réellement fatigué. L'ambiance taurine m'épuise. C'est à cause de cela que je me suis éloigné de l'arène plusieurs fois, et pendant assez longtemps. Mais je n'ai jamais annoncé que je me retirais ; je ne me suis pas encore « coupé la *coleta** ». Je ne me suis pas laissé aller à une telle exhibition, de la même façon que je n'ai pas fait de mon mariage un spectacle. Les spectacles publics, on me les paye, je ne les donne pas pour le plaisir.

Pour en revenir à ma fatigue et à *L'Été sanglant*, il est vrai que je voulais me rendre libre pendant au moins un an, et me désintoxiquer en changeant d'ambiance. Par ailleurs, j'avais reçu à Valence un coup de corne qui m'avait ouvert le ventre de haut en bas, et j'avais été toréer à Málaga, *mano a mano* avec Ordoñez, alors que mes points n'avaient pas encore été retirés. Le lendemain je toréais à Ciudad Real, et le jour suivant je décidai de renoncer à Bilbao, car véritablement je n'étais pas en état de le faire. A la suite de ma blessure j'avais perdu neuf kilos. Je n'avais que la peau et les muscles, et j'étais totalement sans réflexes. Malgré tout, je me suis laissé convaincre par l'impresario des arènes de Bilbao, et je suis monté dans l'avion. A l'aéroport, deux amis intimes ne m'ont pas reconnu, tellement j'avais changé.

Dans cette corrida, j'ai eu si peu de réflexes que je me suis laissé acculer contre le cheval en courant en arrière, chose complètement absurde. C'est là que le taureau m'a pris.

Quant à dire, comme le fait Hemingway, que la rivalité avec Ordoñez m'a poussé à prendre des risques excessifs, et finalement à recevoir ce coup de corne, cela me paraît de la littérature bon marché. Un homme de mon expérience, quand il s'expose à un duel concerté — auquel il n'était pas question de donner cet aspect de tragédie au quotidien dépeint par Hemingway —, s'arrange pour tirer son épingle du jeu. Certes, le résultat dépend de la condition morale et physique des hommes qui s'affrontent, mais on étudie plus soigneusement la stratégie, quand on est un professionnel.

Il est vrai, il peut y avoir des jours déterminants, où tout se joue. Je me rappelle en 1946 la corrida de la Bienfaisance à Madrid, à laquelle prirent part Alvaro Domecq, Antonio Bienvenida, *Gitanillo de Triana, Manolete*, et moi. Dans cette corrida, rien n'était programmé. Je devais jeter toute ma vie dans la balance. Les arènes étaient combles, car c'était la seule corrida où toréait *Manolete*, qui d'ailleurs toréait rarement avec moi. Il me fallut, pour figurer à l'affiche, faire un don de cent mille pesetas. Je n'étais matador que depuis quelques années, et je n'avais pas une telle somme sur mon compte en banque. Je dus faire un chèque en priant l'organisateur d'attendre quelques jours pour l'encaisser. En une telle circonstance, je ne faisais aucun calcul, et je ne comptais pas attendre de voir comment était le taureau. Il y avait foule, et le chauffeur me demanda s'il ne devait pas placer la voiture pour sortir plus facilement, une fois la course terminée. Je lui répondis : « C'est votre problème. Quant à moi, ou bien je vais à l'infirmerie, ou je rentre chez moi porté par la foule. » Ce sont des choses qu'on ne peut dire que les jours clés. Il ne faut pas oublier que chaque corrida, c'est deux taureaux. Si tous les après-midi on jouait le tout pour le tout, on finirait par le payer très cher.

Cette corrida de la Bienfaisance changea le cours de ma vie. Je voulais garder la tête froide, mais lorsque je fis le *paseo** de grosses larmes coulaient sur mes joues... J'étais prêt à mourir. Si un taureau m'avait donné cet après-midi-là un coup de corne, j'aurais certainement continué à toréer, à moins d'avoir eu les muscles déchirés, et de ne plus pouvoir marcher. Il m'est arrivé quelquefois d'avoir la même détermination.

A cette époque, je ne m'entendais pas avec *Manolete*, ou plutôt avec son administration. Je les gênais, parce que j'étais un garçon très jeune qui avait les dents longues, et qui en voulait. Avec d'autres toreros à l'affiche, *Manolete* remplissait les arènes, et n'avait donc aucun besoin de moi. Les autres toreros ne lui faisaient pas de l'ombre, moi si. De plus, un garçon jeune a toujours le public de son côté. Dans les autres pays, quand on tient une personnalité, on la soigne, on en fait un dieu. En Espagne, dans le monde de la corrida en tout cas, c'est le contraire. Le débutant sert à bousculer l'idole. Les administrateurs de *Manolete* m'avaient donc obligé jusque-là à ne toréer que dans des arènes de petite ville ; je n'avais pu participer à aucune *feria* importante. Mais à partir de cette course de Bienfaisance, je réussis à m'imposer, et l'année suivante, quand *Manolete* ne toréait pas avec moi, on lui criait au moment du *paseo** : « Luis Miguel ! Luis Miguel ! »

Manolete était un homme, un torero qui avait un grand sens de la responsabilité. Il avait en outre beaucoup de personnalité, et il était né pour occuper le devant de la scène. Le seul fait de le voir se déplacer dans l'arène était un superbe spectacle. Il avait un air théâtral qui était à la frontière du sublime et du ridicule, mais qui chez lui était vraiment sublime, avec ce visage tragique qui était le sien. Son courage était sans limite ; il s'exposait chaque après-midi, quelle que soit l'importance des arènes.

Le jour où le taureau l'a tué à Linares, il était venu me voir avant la course dans ma chambre d'hôtel, et il a remarqué, non sans agacement, qu'un certain nombre de ses partisans se trouvaient chez moi. On nous a laissés, et nous sommes restés seuls à discuter. Il ressentait une grande fatigue. Il me dit tout à coup :

— On m'a presque forcé à toréer cette année. Quand la saison sera finie, je veux m'en aller.

— Nous sommes presque tous à penser cela au mois d'août, Manolo, quand la chaleur et le monde taurin nous ont un peu fatigués. L'année prochaine tu recommenceras avec tout ton allant, tu verras.

— Non ; je pars définitivement. Note bien que c'est à toi que ma retraite fera le plus de tort. Tous les ennemis que j'ai en ce moment se retourneront contre toi. Il y a toujours un secteur du public qui manifeste son opposition pour être quelque chose et se faire remarquer. Ces gens-là, c'est toi qui vas en hériter.

Le critique Gregorio Corrochano a sans doute eu raison d'opposer la tauromachie magique d'Antonio Ordoñez à la tauromachie logique qui a été la mienne, et dont les mérites ont pu paraître de ce fait moins évidents. Je crois encore une fois que les connaissances et le métier permettent de préparer ce moment où surgit l'inspiration. Mais ils sont aussi en eux-mêmes un art. Il est vrai que pour me comprendre, il fallait d'abord savoir évaluer les qualités d'un taureau. Tout le monde peut saisir la beauté qui tombe sous le sens. Mais moi, j'étais capable de briser la charge d'une bête à un endroit précis, de l'allonger et de la plier à ma guise. Pour comprendre cela, il faut connaître le taureau, et c'est plus difficile.

Mon pouvoir était dû à un instinct que je ne saurais expliquer. Même à présent, quand je regarde une corrida à la télévision, je sais de quel endroit le taureau va s'élancer. Je pense en moi-même : de là, il ne va pas s'élancer ; le torero doit faire trois pas de plus, car, comme ce taureau est *manso**, et qu'il incline vers sa *querencia**, ce troisième pas permettra d'exploiter cette tendance et de faire partir le taureau. La perception instinctive de tous ces détails est l'étincelle artistique que j'accorde au professionnalisme.

On arrive à ce degré de connaissance à force d'engagement, de passion pour la *fête*, de volonté d'arriver... Et pourtant, malgré son immense savoir, *Joselito* a été tué par un taureau, et en plus par un taureau petit, à Talavera de la Reina. Il faut dire que Madrid avait miné son moral la veille, et qu'il avait abandonné l'arène sous une pluie de coussins. Madrid est une arène complaisante pour les mauvais toreros, et très difficile pour les bons. Elle couve toujours les toreros qui n'ont pas réussi. Les critiques qui veulent passer pour des vedettes font la même chose : ils prennent toujours le parti du faible, en disant qu'il torée les taureaux difficiles, alors que le fort n'affronte que les taureaux faciles. En réalité l'homme qui est à présent en position de force s'est trouvé auparavant en position de faiblesse. Il est parvenu où il est après avoir toréé avec succès Dieu sait combien de bêtes retorses. Le faible, qui le reste, ne doit s'en prendre qu'à lui-même. Pour avoir le choix des taureaux, il lui suffisait de surmonter les premières difficultés.

Dans ce métier, une seconde d'inattention peut être fatale — on l'a bien vu avec *Joselito*. C'est pourquoi pendant tout le temps où j'ai été en activité, je me suis obligé à ne penser qu'à ça.

Quant à « la planète des taureaux », j'ai vite pris mes distances. C'est un monde où décidément les faux jetons pullulent. Il y a toujours un ami, le dernier arrivé, qui veut rattraper le temps perdu et être plus ami que tous les autres. Il donne dans la médisance, et vient vous glisser dans l'oreille à propos d'un confrère : « Cet imbécile a dit de toi ceci et cela... » Ça, je n'arrivais pas à l'encaisser. J'avais un petit noyau d'amis — de vrais aficionados — qui m'appuyaient, mais qui savaient aussi me critiquer. Quand j'étais dans une mauvaise passe, ils me le disaient. J'ai connu en effet des moments de fatigue et de dégoût. Au cours d'une saison qui commence en mars et s'achève en octobre, les hauts et les bas sont inévitables ; on n'est pas une machine. Il y a aussi la fatigue de devoir marcher dans la rue au milieu de la foule, des admirateurs... Tous vos faits et gestes sont épiés, commentés, discutés. C'est la raison pour laquelle je ne mets pratiquement plus les pieds dans une arène ; je me contente de la télévision. On me demandait mon avis sur la prestation des toreros. Qu'est-ce que je pouvais dire ?

Je ne crois pas que le toreo soit une affaire de géométrie. On ne calcule pas, mais c'est vrai qu'on doit adapter les distances aux caractéristiques du taureau. On ne se place pas de la même façon, si on veut capter sa charge, ou lui laisser un peu plus de liberté pour qu'il puisse respirer. La tauromachie est à géométrie variable. Quant au *temple**, c'est la qualité qui permet de toréer le plus lentement possible, sans pour autant se faire accrocher l'étoffe par le taureau. On peut réduire sa vitesse, si on l'habitue à toucher le sol avec le mufle et si on lui laisse bien la *muleta**, pour qu'il la suive toujours plus docilement. Il faut arriver à ce que le taureau fasse à chaque passe un peu plus attention, qu'il éprouve une certaine appréhension à suivre l'étoffe, mais il ne faut évidemment pas qu'il prenne peur. Cette forme de *temple* n'est pas toujours possible : certaines bêtes ne baissent pas le mufle jusqu'à terre, peut-être parce que ce jour-là le torero ne parvient pas à les y obliger. Il faut alors suivre le rythme du taureau. L'important est que ce dernier ne bute pas sur le leurre et que règne la limpidité. Je n'aime pas qu'on se tache de sang, mais il y a des jours, je le reconnais, où on se doit de quitter l'arène les vêtements déchirés, et même nu s'il le faut.

Ce qui m'a toujours fait le plus peur dans le toreo, c'est d'aller attendre le taureau à sa sortie du toril, parce que là on ne maîtrise rien. La bête sort, et personne ne sait ce qu'elle va faire. Si elle s'arrête au moment où la cape est en l'air, Dieu sait ce qui peut arriver. Chaque fois que j'ai joué le tout pour le tout, je l'ai fait, parce qu'après cela, le reste me faisait moins peur. Certaines fois, en marchant vers la porte du toril, j'ai dû faire un grand effort pour ne pas me retirer ; j'aurais préférer être un chien des rues plutôt que de me trouver à ma place.

La pose des banderilles peut être très brillante, et c'est en tout cas une phase très importante, parce que, comme je l'ai dit, c'est le moment où le comportement du taureau connaît les plus grandes variations. Un professionnel qui se respecte doit savoir banderiller. Pour mériter ce beau nom de *maestro*, il faut savoir tout faire. On ne peut pas ordonner à d'autres de semer des tomates, si on ignore comment on les sème. La pose des banderilles est belle, parce qu'elle peut revêtir les formes les plus variées. Malheureusement, la variété n'est plus tellement le propre de la tauromachie actuelle. C'est peut-être un défaut de maturité chez les toreros, qui, pour certains, ont de grandes qualités, mais n'attendent pas suffisamment pour pouvoir dire : c'est moi le maître. A presque toutes les époques il s'est trouvé un torero qui a régné sur la tauromachie, et quand ça n'est pas le cas, c'est le taureau qui est roi.

Il est absurde de reprocher aux vedettes de ne pas affronter des taureaux difficiles. Pourquoi irais-je choisir un élevage à problèmes, si je peux en trouver un plus commode ? On me disait quelquefois à Bilbao : « Ce serait bien, si tu affrontais cette corrida de Miura. » Et pourquoi le ferais-je ? Je les ai déjà affrontés ici même, quand je n'avais pas le choix. Je n'ai aucune raison de le faire maintenant. Je tuais les corridas de Miura partout, mais je n'aimais pas qu'on me les impose. Quand je suis devenu une « figure », j'ai cherché les élevages qui pouvaient charger avec le plus de noblesse, parce que j'avais plus de responsabilité, et que je devais faire en sorte que les gens passent un bon moment. Ah, ce serait autre chose, si tout le monde comprenait ce qu'on peut faire avec un taureau difficile. Cela arrive quelquefois, mais trop rarement.

L'année de sa mort, *Manolete* a dû tuer trois ou quatre corridas de Miura : une où il a remporté un grand succès en donnant cette *naturelle** dont on se souvient encore, et celle de Linares. Il faut dire que le mauvais taureau de Miura a un sixième sens. Le Miura est *manso** — ou il l'était en tout cas — et de ce fait il réfléchit davantage, il ne se livre pas avec bravoure et noblesse.

Manolete a toréé cette dernière corrida de Miura pour s'acquitter d'une promesse. Par ailleurs, c'était une corrida très commode ; les taureaux avaient les cornes « arrangées ». Mais le destin se moque de savoir si les cornes sont limées ou non. Un taureau rasé peut moins facilement blesser, car la pointe de la corne est émoussée, et elle glisse. Mais quand il blesse, la déchirure est plus large. Une veine ou une artère, qui seraient seulement effleurées par une pointe fine, sont rompues par une pointe plus grosse. En fin de compte l'avantage des cornes rasées est surtout psychologique. Cette pratique a toujours existé, mais elle a connu une grande vogue après la guerre civile. Les gens étaient fatigués de toute cette tragédie, et cherchaient d'autres sensations.

Je ne critique pas *Manolete* ; c'est le produit de son époque, comme nous le sommes tous. Si le *Cordobés* était né à une autre époque que la sienne, il n'aurait rien fait. C'est pareil pour moi. Cela dit, j'ai le sentiment que tout artiste qui triomphe, aurait triomphé en toutes circonstances car instinctivement il va au-devant du public, et s'adapte à ses goûts. A mon avis Domingo Ortega est le torero de l'époque républicaine, celle du fox-trot. En revanche *Manolete* — et encore une fois ce n'est pas une critique — est un torero fasciste. Son art était sec, tiré au cordeau, et ses *faenas** étaient toutes semblables. A la cape il ne faisait que des *véroniques*, et à la *muleta** c'étaient les *statuaires**, les *naturelles** avec la gauche ou la droite, les *manoletinas*, et pour finir l'estocade. Le *Cordobés* appartient à la génération des Beatles, au moment où le franquisme commence à s'user, et où l'Espagne s'ouvre à la société de consommation et au tourisme. Ceci se retrouve dans la sélection des taureaux que l'on rend plus dociles. Aujourd'hui, les spectateurs qui saisissent tous les détails du jeu sont de moins en moins nombreux. Or, ce qui est beau et esthétique saute aux yeux du premier venu. Ce n'est pas la même chose lorsqu'il s'agit d'une véritable lutte, et des problèmes qu'est susceptible de poser une bête. Par conséquent un torero brille davantage quand celle-ci n'offre pas de difficultés.

Dès le début de la saison taurine, c'est-à-dire dès le 2 janvier, je me retirais à la campagne, et plus de verres, plus de femmes. Je ne voyais plus un jupon jusqu'à la fin de la *temporada**.

Avec les femmes, le problème est le suivant : on couche un jour, et il n'arrive rien, quand on est jeune. Mais précisément, parce qu'il n'arrive rien, on recommence, et les réflexes se perdent imperceptiblement, si bien qu'un jour quelque chose peut arriver. Le taureau est très jaloux, et ne passe rien. Tous les coups de corne que j'ai dans le corps portent le nom d'une femme. Le pire n'est pas de coucher, mais d'avoir l'esprit occupé, et de croire qu'on est amoureux. Pourtant on a bien besoin de cette chaleur humaine, de ce remède contre la fièvre des arènes. Là est le danger.

Nuit et jour, il faut penser au taureau, et à lui seul. L'infidélité se paie très cher.

Quelques jours avant sa mort, *Paquirri* regardait avec moi un programme de télévision, et j'ai pu voir de quels yeux il contemplait sa femme en train de chanter, à une heure du matin. Je pensais en moi-même : ce n'est sans doute pas grave, puisqu'il n'est pas en train de boire, et c'est un homme bien bâti, et qui s'entraîne beaucoup. Mais il n'est pas concentré. C'est très bien d'être amoureux de sa femme, mais ça se paie, ne serait-ce que par une simple culbute. Évidemment, quand je prenais deux mois de vacances après la saison, je ne m'occupais que des femmes !

Quelqu'un a dit, je crois, que dans le toreo, Ordoñez représentait l'amour, et moi la séduction. C'est peut-être vrai, mais l'amour est facile à ressentir, et la séduction difficile à réaliser. Pour parvenir à un véritable amour, il faut accomplir l'œuvre de séduction. Ce chemin à parcourir pour s'accorder avec l'autre, c'est à mon avis ce qu'il y a de plus beau dans le toreo, et dans les relations entre deux êtres.

L'intensité des sentiments que l'on peut éprouver certains après-midi est une chose dont on n'a pas idée. Je suis allé un jour au cinéma, et aux actualités on a passé cette fameuse corrida de la Bienfaisance. On m'a vu, au beau milieu de ma *faena**, faire un *desplante**, et regarder la caméra sans savoir qu'elle était là. Tout le cinéma s'est levé pour applaudir. Moi qui étais caché au dernier rang, j'en suis resté stupéfait. Il faut voir les émotions qu'on arrive à transmettre, quand on les éprouve avec cette force ! Mais s'il fallait en arriver là tous les jours, il serait impossible de supporter une telle tension. Généralement, quand on a toréé vraiment bien un taureau, on a une baisse de tonus pendant quelques jours. C'est comme après avoir fait l'amour : il faut jouir de cette émotion et se relâcher ; autrement, on mourrait. Toréer avec plaisir est une chose qui vous comble, au point qu'après il y a comme une chute d'énergie. Quand il faut revenir à la lutte, on se trouve en porte-à-faux.

On me dira qu'avec tout ça le taureau meurt. Et moi je demande : à quoi bon le soigner ? Pour l'engraisser et le tuer dans un abattoir, comme on le fait au Portugal ? Ce sont des souffrances inutiles. Le taureau est tué parce que telle est sa condition, et qu'il a droit à un tiers d'existence, mais d'une existence où tout lui est donné. J'ai eu beaucoup de contrats pour le Portugal, et pourtant j'y étais chaque jour plus mauvais, jusqu'à ce que je décide de ne plus y retourner. Il y avait deux raisons à cela : on ne piquait pas les taureaux, par conséquent ils chargeaient à toute vitesse et je n'arrivais pas à les contrôler. J'avais le sentiment de tromper le public, même s'il aimait ce que je faisais. La seconde raison est qu'on ne tuait pas le taureau. J'éprouvais alors une impression de vide, sans doute par la force de l'habitude. Donner la mort au taureau, c'est accomplir jusqu'au bout le rite. Le taureau brave et véritablement bon, il faudrait lui « pardonner la vie ». Je trouverais ça très bien. Il faudrait que ce soit à la demande de l'éleveur, et après accord de la présidence. Toutefois, l'éleveur devrait s'engager à reverser le prix de cet animal à une œuvre de bienfaisance, et ne pas s'imaginer qu'il va pouvoir s'offrir à bon compte un étalon, et en plus tirer gloire de ce succès.

Je voudrais qu'on se souvienne de moi comme d'un homme qui a véritablement sacrifié toute sa vie au toreo.

Peu de gens peut-être le croiront, puisqu'on prétend que j'ai toujours vécu à ma guise, et très bien.

Le jour est arrivé où j'ai jeté l'éponge. Je vis retiré sur mes terres depuis cinq ou six ans, et je n'en sors pratiquement jamais. Je vais le moins possible à Madrid. Je passe mes journées à écouter la nature qui m'apprend beaucoup. Je vois les animaux dans la campagne, et je peux dire s'il va pleuvoir ou non. Le contact avec les taureaux est certainement ce qui m'a le plus appris à comprendre la nature. J'aimais beaucoup me promener au milieu d'eux, et j'essayais de deviner, simplement à leur façon de bouger la tête et de me regarder, ce qu'ils allaient faire.

Antonio Ordoñez

Le taureau n'a jamais été mon ennemi, mais mon principal collaborateur. Avec lui je me suis livré totalement, et il s'en rendait compte, parce que c'est un animal extrêmement intelligent. De même que j'avais de la présence pour lui, il avait de la présence pour moi.

A quoi je reconnaissais « mon » taureau ? Ce serait bien difficile à dire ; autant que de définir mon type de femme. Les affinités ne s'expliquent pas. Après les piques, il arrive que chacun des trois matadors prenne sa cape et fasse un *quite** pour rivaliser avec ses confrères. Aucun de ces *quites* ne sera semblable aux autres, et c'est pourtant la même bête. Pas besoin de chercher plus loin. La réussite repose ici sur les mêmes convictions intimes et les mêmes impondérables qui font les relations entre les personnes. Quand on entre en contact avec quelqu'un, on parle ensemble quelques minutes, et on se dit presque immédiatement : avec cet homme, ou cette femme, ça va marcher... ou il n'y a rien à faire. La plupart du temps on tombe juste, parce qu'il y a une sensibilité qui flotte dans tout ça, sans laquelle je n'aurais pas eu cet art qu'on me reconnaît.

Je ne me suis jamais trop préoccupé des *broncas** que j'ai

pu recevoir, et qui sont le lot de notre profession. Un mauvais après-midi s'effaçait en général avec une bonne douche, et ne m'empêchait pas de dormir. Je ne me demandais pas si j'avais su ou non comprendre mon partenaire. Pour moi la *faena** n'avais pas été possible, et j'avais décidé de couper court et d'en finir, voilà tout. Peut-être qu'avec ce même taureau on aurait pu en réalité faire quelque chose, mais quelle importance, puisque je ne l'avais pas senti ? Peut-être que moi-même, un autre jour, j'aurais brillé avec cette bête, mais il n'y a pas d'autre vérité que l'instant. En revanche, les triomphes me donnaient un sommeil agité : Dieu seul sait les trésors de bravoure et de noblesse enfouis dans cette carcasse, maintenant livrée au boucher, et que j'aurais sans doute pu extraire encore. Si j'avais réussi à le faire, je serais monté d'un degré dans l'apothéose.

Toréer, c'est établir le même dialogue amoureux qu'un danseur avec sa musique. Si le taureau n'était pas cette musique, comment y aurait-il ce rythme et cette composition, qui naissent de deux sensibilités confondues ? Il me paraît absurde de penser qu'un artiste puisse éprouver autre chose que de la tristesse en achevant sa *faena*, et en se préparant à donner la mort. C'est comme si on exigeait du danseur, après l'une de ses meilleures interprétations, qu'il détruise la chorégraphie ou la partition. Je suppose que les peintres aussi seraient tristes, s'ils devaient brûler la toile qu'ils viennent de terminer. Il ne reste rien de la plus merveilleuse *faena* ; tout au plus un souvenir très subjectif et personnel. Aux admirateurs qui se sont précipités sur moi pour me dire : « De ma vie, je n'oublierai ce que vous avez fait tel jour », j'ai eu quelquefois envie de répondre : « Oui, mais quand vous mourrez, qui s'en souviendra ? »

C'est sans doute ce qu'il y a de plus tragique dans le toreo : on ne risque pas seulement de perdre la vie ; on se perd fatalement soi-même. Aucun document ne parvient à recueillir fidèlement ce qu'un artiste a exprimé dans une arène : ni l'écriture, ni la photographie. Même le cinéma est une mutilation de cette réalité. La pellicule n'enregistre pas le sentiment.

On dit dans notre langage, quand le taureau ne répond plus aussi bien aux sollicitations de l'homme, qu'il « demande la mort ». L'instinct avertit le matador que sa *faena* doit finir, mais ceci n'a rien à voir avec le temps réglementaire. Un jour à Valence je me suis rendu compte que je devais tuer le taureau quand j'ai reçu l'avertissement qu'il fallait le faire. Je continuais à toréer, je n'avais même pas entendu l'*avis**, et je n'avais aucun besoin de m'arrêter.

Dans cette ultime phase, le succès ou l'échec n'ont souvent aucune relation avec l'art de la tauromachie. Par exemple on place une bonne estocade, le taureau se raidit sur ses pattes, et ne se couche pas. On tente le *descabello** cinq fois, et on reçoit un *avis* ! Quoi de plus absurde ? Les gens sifflent, et pourtant c'est un problème de boucher, ce n'est pas un problème d'artiste. Si le taureau se couche, on ne siffle pas ; s'il ne se couche pas, on siffle. C'est ridicule.

On m'attribue un fameux « recoin » où j'aurais cherché à placer presque toujours l'épée, parce que c'était plus sûr qu'à l'endroit de la *croix**. En réalité, c'est une invention des critiques, et en particulier de Diaz-Cañabate. D'ailleurs *Joselito* tuait à cet endroit aussi... parfois. Quant à mon compatriote Pedro Romero, si l'on en juge par les gravures, il portait l'estocade quatre doigts plus bas.

La place de l'épée ne devrait pas compter pour juger l'estocade. L'estocade peut avoir été bien portée, et l'épée mal placée. Qu'elle soit tombée dans le « recoin » par suite d'un défaut de visée, ça c'est un autre problème. Je n'ai d'ailleurs jamais su viser, pas même avec un fusil, parce que je suis incapable de fermer l'œil gauche. Il n'empêche que j'ai exécuté honorablement la *suerte de matar**. Je l'ai exécutée comme je sentais que je devais le faire. Je parle du geste et de la figure en elle-même, celle que j'ai réalisée sans penser à l'épée que j'avais à la main.

Cela dit, pour moi la mise à mort a toujours été la partie la plus mécanique de la tauromachie. La beauté réside dans tout un ensemble de gestes suscités par la corrida, qui n'ont pas du tout besoin pour exister de la mort du taureau. Je ne crois pas du tout à toute cette phraséologie de la *suerte* suprême, de l'heure de vérité, de l'instant où l'homme s'engage totalement. On doit déjà s'engager totalement si on veut donner comme il faut une passe de cape ou de *muleta**. « Le moment de la vérité » devrait s'appeler « la dernière minute ». Il peut aussi se produire cinq minutes plus tôt.

Qu'y a-t-il de plus difficile en fin de compte ? Toréer avec art, ou tuer ? A toutes les époques il y a eu un ou deux matadors qui se sont acquis une belle réputation avec l'épée. En revanche à certaines époques aucun artiste de la tauromachie n'a surgi. Un bon exécutant de l'estocade n'est jamais par cela seul une « figure ». Au contraire, un artiste du toreo peut devenir une « figure », même s'il n'est pas un bon *matador*. Je me réfère évidemment à la corrida du XXe siècle, car les choses ont beaucoup évolué. Avant, la corrida était une lutte ; on préparait la bête à la mort. A présent, c'est une collaboration ; on prépare la bête à contribuer à une œuvre artistique.

On ne peut rien créer, si l'on ne pense pas d'abord à ce que l'on doit faire à ses propres yeux. Et puis dans les grands moments, l'émotion de la foule, les *olés*, on ne sent plus rien de tout cela, là où on est. De même que pendant l'acte sexuel, on n'entend rien autour de soi. Je suis très reconnaissant au public de son admiration. Mais je me demande si les gens ont bien conscience de tout ce que peut leur apporter un après-midi de taureaux. Se rendent-ils compte que pour mille pesetas, ou un peu plus, ils peuvent contempler une œuvre d'art unique, incroyable ? Une œuvre d'art échafaudée sur un risque de mort. Moi, je trouve cela plutôt bon marché. Trop souvent, le public ne perçoit pas tout ce qu'il devrait percevoir. Il ne profite pas de tout ce qui est bon à prendre, et il lui arrive d'être, je ne dirais pas injuste, mais masochiste, en succombant facilement à la tentation de la critique. Il gâche son propre plaisir.

Je crois avoir fait des choses plus importantes avec la cape qu'avec la *muleta*. J'ai toréé, ce qui s'appelle toréer, beaucoup plus de taureaux avec la cape. Les matadors de ma génération peuvent en témoigner. J'ai regretté de n'avoir pu un jour établir comme règle, dans une corrida goyesque[1] par exemple, de n'employer que la cape. Je crois que cela aurait plu aux gens, et que j'aurais été capable de mener ainsi toute une *faena**.

Généralement, on n'accorde pas suffisamment d'attention à cette phase de la course. On ne siffle presque jamais un torero à cause de son travail à la cape. Et pourtant on le siffle à cause de ce qu'il fait, ou ne fait pas à la *muleta*. On lui crie : « Allez ! Encore une passe ! La gauche, maintenant ! » Si le public protestait devant la pauvre pres-

1. Corrida où les toreros portent les costumes du temps de Goya. On l'organise surtout à Ronda.

tation d'un torero à la cape, la qualité de ce répertoire serait beaucoup plus grande.

Toréer avec la cape, c'est comme la tonalité de l'accord parfait entre deux êtres humains. C'est comme la progression de l'entente entre deux personnes qui s'aiment et qui vont réaliser l'acte sexuel. Pour moi cette montée, ce prélude à l'union, l'emporte sur tout le reste. C'est comme ces amuse-gueule qu'on vous fait passer avant le déjeuner, et qu'on savoure presque plus que ce qu'on mange à table. A mes yeux le plus beau moment de la corrida est d'abord celui de la cape, puis celui de la *muleta* — mais je reste grisé par ce que j'ai fait à la cape — et enfin celui de l'épée. S'il y avait quelque chose d'autre après l'épée, probablement cela me laisserait indifférent.

Quand, pour parler du toreo, je me réfère à la sexualité, je pense surtout aux relations affectives. Les êtres se cherchent avec des expressions sexuelles qui ne sont pas purement physiologiques. Aimer, c'est de la sexualité, à ce qu'il me semble. Cette quête amoureuse est commune à tout artiste. Le peintre a une relation d'amour avec sa toile et son pinceau, l'écrivain avec sa plume, et moi avec le taureau. Rien ne serait possible sans la séduction. Mais séduire ne veut pas dire dominer.

Pour dire le fond de ma pensée, je ne crois pas qu'il y ait jamais eu un taureau qu'on ait pu dominer ; je ne crois pas que le *dominio** existe. Il y a des taureaux qui se laissent dominer par certaines personnes, et d'autres qui ne le voudraient à aucun prix. Ce torero « dominateur » dont on nous rebat les oreilles, capable de dominer tous les taureaux, n'existe pas à mon avis. Dans l'histoire de la tauromachie, certains toreros ont eu plus de pouvoir de domination que d'autres, mais de là à dominer tous les taureaux, je ne le pense pas. Il en est des taureaux comme des êtres humains. A-t-on jamais vu une femme qui n'ait pas envie de se laisser séduire, et avec laquelle on pourrait arriver à ses fins ? Encore une fois certaines bêtes sont plus réceptives pour tel torero que pour tel autre. Mais à celle qui dira : « A moi, on ne fera pas une passe », il n'est pas né, celui qui pourra répondre : « Erreur ! Je vais te posséder. » Quand on est situé sur les gradins, on peut avoir l'impression que les taureaux se laissent peu à peu circonvenir, même si au début ils sont réticents, et que par conséquent le *dominio* fait son œuvre. En réalité tout se joue presque immédiatement. Celui qui est en bas, depuis son premier contact avec le taureau, sait ce que sera son comportement. Dès les premières passes de cape, et en tout cas en prenant la *muleta*, il sait ce qui va se passer. Ou plutôt le taureau, lui, le sait ; le torero en a seulement l'intuition.

On pourrait publier un nombre infini de livres sur la tauromachie. Il suffirait d'expliquer la tauromachie selon X, laquelle n'aurait pas grand-chose à voir avec celle de Y. A mon époque, il y a bien eu une vingtaine de toreros importants. Or, chacun de nous a sûrement sa théorie, et nous pourrions parler des heures entières que je ne les convaincrais pas, et qu'ils ne me convaincraient pas. Tous possèdent la vérité, pourvu qu'ils aient fait ce qu'ils sentaient au fond d'eux-mêmes. La vérité échappe en revanche à ceux qui ont cherché à plaire au public sans penser à leur exigence intime. Par ailleurs, si on n'exprime pas ses sentiments profonds, le public s'en aperçoit à la longue.

Je ne crois pas aux « écoles ». Mon art ne s'explique pas par une école ; c'est plus compliqué, ou moins compliqué. Il n'existe que des styles personnels, dont certains ont plus de profondeur, et d'autres plus d'allégresse. Ces styles diffèrent suivant la personnalité du torero, son éducation, son environnement. Un Castillan peut être dépourvu des nuances ou de la grâce qui sont l'apanage de l'Andalou. L'Andalou, au contraire, peut manquer de sobriété. Qu'importe, puisque leur toreo peut atteindre le même degré de beauté.

Hemingway avait une extraordinaire humanité. Un de ses talents les plus évidents est qu'il comprenait tout, même les choses apparemment absurdes. Il décelait les motivations profondes de chaque acte. Il a sans doute souffert de ne pas être compris de la même façon. Il a essuyé en Espagne un défaut classique chez nous : l'envie. Les mauvais écrivains ont dit du mal de lui. On ne lui a pas pardonné d'avoir écrit dans *L'Été sanglant* que *Manolete* avait des « trucs ». Mais on n'a pas compris qu'il n'y avait là rien d'insultant, bien au contraire. Quand nous avions ensemble une bonne idée, ou que nous découvrions un agréable restaurant, Ernesto me disait : « Antonio, ça c'est un bon truc ! »

Hemingway ne m'a jamais expliqué ce qu'il était venu au juste chercher dans la corrida. Dès que nous avons été intimes, nous avons fait un pacte. Nous nous sommes promis que tant que nous vivrions ensemble, il n'essaierait pas de toréer, et je ne me mettrais pas à écrire un livre. Chacun admirait l'autre en respectant ses secrets.

Quand j'ai su qu'Ernesto était aussi mal, quelques jours avant sa mort, je lui ai envoyé un télégramme pour lui dire que je venais le voir. Il m'a répondu par un autre télégramme que j'ai gardé : « Pas la peine ; je vais bien. » Il n'a pas voulu que je le revoie. Peut-être était-il physiquement épuisé ; peut-être y avait-il autre chose.

Je pense que la mort d'Ernesto était un accident. Spirituellement, je dois le penser. On a beau être expert dans le maniement des armes, un jour on se tire un coup de fusil. On a beau savoir très bien manier l'épée et la *muleta*, un jour on se fait accrocher par le taureau. Mettons que ce sont des accidents.

Mais pour moi Ernesto n'est pas mort ; il vit à mes côtés, en beaucoup d'occasions. Je m'imagine simplement que maintenant nous n'arrivons plus à nous retrouver. Je pense que quand je vais à New York, lui est au Kenya. Je ne pense pas qu'il est enterré.

Les toreros ne vivent pas avec la peur collée au ventre. L'équation est simple : le taureau ne blesse pas quand les circonstances font que cela n'arrive pas. Mais quand il blesse, cela ne surprend pas non plus. Autre chose serait de se faire accrocher par un train ! Il faut bien savoir qu'une blessure est presque toujours une faute professionnelle ; c'est l'homme qui s'est trompé.

Lorsque surgissait un taureau difficile, je faisais tout pour qu'il ne me prenne pas. S'il me prenait, c'était vraiment par accident.

Quand les spectateurs pensent que le torero a très peur, cela veut dire simplement qu'il a à ce moment-là un plus grand sens de la responsabilité. Ce n'est pas la peur en soi. On ne va pas aux arènes en pensant à la blessure, et en sachant qu'on peut mourir. Si on savait exactement qu'on peut mourir, on n'irait pas.

Au moment de faire le *paseo**, il m'arrivait d'être nerveux, mais c'étaient les nerfs de la responsabilité, l'incertitude du succès ou de l'échec. J'avais peur que les gens soient déçus. A présent, quand je vais au *campo*, je ne torée jamais. Je n'ai pas peur de toréer, mais j'ai peur de ceux qui me voient ; j'ai peur de ne pas être bon, et qu'ils emportent de moi une image qui n'est pas la mienne. C'est terrible pour un artiste de se contrefaire sous le regard d'un public.

J'en ai surpris plus d'un, lorsque j'ai décidé inopinément de me retirer au cours de cette corrida de Saint-Sébastien, et je me suis surpris moi-même. Je crois que c'était l'action du subconscient. On sait plus ou moins vaguement que vient le moment où tout doit se terminer. Et un jour, sans qu'on l'ait réellement prémédité, un concours de circonstances fait surgir ce moment avec une clarté d'évidence. Calmement, on se dit alors : « C'est fini. »

PACO CAMINO

L'INTELLIGENCE devant le taureau est innée. On peut apprendre beaucoup de choses, mais pas cela. Je crois que j'ai été assez précoce à cet égard, et que j'ai vu plus clairement et plus rapidement qu'un autre.

J'ai commencé très jeune, en tuant des taureaux dans des *capeas** à l'âge de treize ans ; par conséquent, j'étais tout à fait rôdé quand les gens ont commencé à venir me voir. Je me souviens qu'on a dit de moi lorsque je me suis présenté à Saragosse : « Ce gamin est très intelligent, et il en sait déjà beaucoup. » J'ai eu la chance de suivre exactement l'apprentissage qu'il faut dans ce métier. J'ai toréé plus de cent trente *novilladas** sans picador, je me suis beaucoup entraîné dans les élevages, et j'ai participé à de nombreux festivals. Je suis arrivé à l'*alternative** en pleine maturité.

A l'époque de mon apprentissage il y avait à Camas[1] beaucoup de *novilleros*, et parmi eux Curro Romero. Je les voyais souvent s'entraîner sur le terrain de football. J'avais un peu un côté chien errant, j'étais assez paresseux, et je ne m'exerçais pas en faisant du toreo de salon. Je me contentais d'emprunter à chacun un détail que je mettais en pratique dans l'arène. Personne ne m'a enseigné sa théorie du toreo.

1. Petite ville de la banlieue de Séville.

Dès l'âge de dix ans je m'enfuyais de chez moi pour affronter les bêtes. Au retour j'avais droit à des raclées mémorables. Les gens croient que je n'ai pas eu à lutter dans ma vie, ni dans ma profession. C'est parfaitement faux. Simplement, je n'ai pas volé des poules. J'ai connu les privations qui affectaient une bonne partie de la société espagnole à l'époque, mais grâce à Dieu il ne m'est pas arrivé de me coucher sans manger. Mais, comme tous les garçons mordus par l'*aficion*, je suis monté sur le toit des tramways, et j'ai voyagé sans billet dans les trains.

Quand j'avais dix ou onze ans, on ne me laissait pas toréer dans les *tientas**, les vaches étaient trop grandes pour moi. On a fini par me laisser quand on a vu que j'avais de réelles possibilités d'être un bon torero. J'étais meilleur que tous les autres amateurs ; il y avait même des matadors et des *novilleros** avec lesquels les vaches ne marchaient pas ; avec moi elles marchaient.

L'inné dans le toreo, c'est le courage, la tête, qu'il ne faut perdre à aucun moment, et le sang-froid qui permet de faire les choses avec calme. Il ne faut surtout pas se presser, ni s'en faire : le métier rentre à mesure qu'on torée. Pourtant, certains deviennent matadors, et ils n'ont pas terminé leur apprentissage ; d'autres parviennent à l'*alternative** en sachant déjà tout ce qu'il faut savoir. En tout cas, celui à qui il reste des choses à apprendre à ce moment, c'est qu'il est mauvais. Cela signifie qu'il n'a pas le sens de la *lidia**. Il pourra être un excellent styliste, mais quand il se met devant un taureau, en réalité il ne peut pas s'y mettre.

Dans les années 50, j'admirais Ordoñez, Rafael Ortega, Manolo Gonzalez. J'allais à pied de Camas jusqu'à l'hôtel Colon, en plein centre de Séville, je les voyais sortir de l'hôtel ; je courais aux arènes pour les voir entrer, et je m'en retournais à pied à Camas. Ce qui me plaisait le plus, c'est de penser que je pourrais arriver à être un Antonio Ordoñez. C'était mon idole ; il me faisait rêver tout éveillé.

C'est seulement au moment de prendre l'alternative que j'ai su que j'avais la possibilité d'être un vrai torero. Entre le *novillero* et le matador il y a une grande différence. J'étais anxieux de savoir si je serais capable de franchir ce pas, ou si ma carrière s'arrêterait là. Mes premières corridas furent assez faciles, et alors j'ai compris que j'avais les choses bien en main, et que je pouvais arriver où je voulais. La première année d'alternative est déterminante. Si on la gâche, il est très difficile de revenir dans la course.

Je crois que dans l'arène j'ai surtout été très éveillé. Mon attention se fixait continuellement sur le taureau, pas seulement sur le mien, mais aussi sur ceux de mes confrères. A chaque corrida j'étudiais six taureaux, et je guettais les réactions de chacun d'eux à chaque seconde. Cela peut s'expliquer par mon apprentissage. Je pense avoir été un torero complet avec la cape, avec la *muleta**, et avec l'épée qui m'a souvent permis de couronner des *faenas** très importantes. Il m'a manqué de savoir banderiller. Dans les *novilladas* sans picadors je l'ai fait plusieurs fois, et je me suis rendu compte que ça ne m'allait pas du tout. Je n'ai aucune agilité dans les jambes. C'est bien dommage, car j'aurais aimé être un bon banderillero.

Chaque phase de la course a sa beauté. Une grande *faena* par exemple mérite une grande *estocade*. Certains matadors à l'épée sont beaucoup plus élégants que d'autres, ce qui montre que tuer peut être un art. Je pense à Rafael Ortega, à Ordoñez, au *Viti*, qui ont su donner à ce moment toute sa beauté. Là, il ne s'agit plus de technique.

La seule technique consisterait à voir mourir, sans plus se soucier de rien.

J'ai beaucoup aimé toréer à la cape, et j'ai donné mon empreinte à la *chicuelina**. Ce fut pendant la San Isidro, en 1963. Il y avait Ostos, le *Viti* et moi. A surgi un très bon taureau. Je me suis placé de face pour donner une *chicuelina* ; c'était une nouveauté, car auparavant on la donnait en se plaçant de côté, et c'était pratiquement une esquive. J'ai mis la cape devant le taureau, et de cette façon j'ai pu le conduire durant plus d'un mètre. Ma *chicuelina* était née.

Savoir *lidier* est plus difficile que de savoir toréer. Chacun peut toréer selon son style, mais *lidier**... Les bons *lidiadores*, on pourrait les compter sur les doigts d'une main. Évidemment, un *lidiador* sans art finit par ennuyer les gens, car il faut aussi faire naître de la beauté et de l'émotion ; en un mot toréer. Mais l'inspiration n'a rien à voir avec la *lidia* ; il s'agit seulement d'être à sa place avec un taureau, qu'il soit bon ou mauvais, et de ne pas être à sa merci, comme le sont certains toreros « artistes ».

A mon avis, toutes les belles théories sur le *temple** sont une fumisterie. Je n'ai vu qu'un seul torero capable de *templer* à la cape ; c'était Antonio Ordoñez. Je voudrais bien savoir comment on peut *templer* un taureau ou une vache qui surgissent à toute allure ; ils arracheraient la cape. Il ne s'agit pas d'autre chose que de savoir s'adapter à la charge de la bête ; il est impossible de créer ou d'imposer le ralenti. Évidemment, si on a affaire à une mule qui fait deux mètres en une demi-minute, la passe va durer le même temps.

Il faut dire aussi, en ce qui me concerne, que j'ai toujours préféré les animaux vifs. Ce n'est pas le cas de tout le monde. Le *Viti*, par exemple, a été un artiste incomparable, mais il faisait surtout merveille avec les taureaux lents. Certains disent que je n'ai pas *templé* suffisamment, mais c'est aussi parce que j'ai fait en sorte que mes taureaux soient intacts. J'ai beaucoup aimé toréer les Buendía, parce que ce sont des bêtes rapides et racées. Je n'aime pas le taureau trop suave ; je préfère le taureau âpre et violent, car si on se place à la bonne distance et au bon endroit, il charge mieux que les autres.

Je suis plutôt calme de tempérament. Certains jours où je savais qu'il fallait prendre des risques, je n'hésitais pas à le faire. D'autres fois, je me laissais aller, parce que je n'avais pas envie, ou parce que mes opposants ne me plaisaient pas. Les mauvais taureaux n'ont jamais réussi à me blesser. Seuls les bons m'ont accroché. Les gens voyaient que j'avais beaucoup d'aisance et que je ne me laissais pas prendre. Ils étaient d'autant plus furieux qu'ils croyaient que le taureau était bon, alors qu'en réalité il n'en était rien.

J'ai été ce que j'ai voulu être, et non ce qu'a voulu le public. Mon ambition n'était pas sans limites, et je n'ai jamais prétendu être le numéro un. Je voulais seulement qu'on dise que j'étais un bon torero. Cela dit, dans l'arène je ne craignais personne ; c'était dent pour dent. De mon temps, qui a été une époque de très bons toreros, la rivalité se manifestait toujours, surtout dans les *quites**. C'est ce qui manque un peu aujourd'hui. J'avais cette mauvaise humeur indispensable pour arriver à une certaine hauteur. Pour être une figure de la tauromachie, il faut avoir du tempérament et de la *caste**, comme les taureaux.

Quand je me faisais accrocher en début de saison, je me disais qu'au moins j'avais mon compte, et que je serais tranquille pendant une cinquantaine de corridas. En revanche, quand à ma cinquième course je n'avais toujours pas reçu un coup de corne, j'étais moins rassuré, et je m'attendais à ce qu'un jour ou l'autre ça me tombe dessus. Une année, j'ai reçu quatre blessures de suite, et je n'y comprenais plus rien : une blessure, c'était dans l'ordre des choses, mais quatre ! Je crois que ça s'est passé en 1961 ou 1962. Avec le temps, j'ai pris de l'assurance. J'étais par exemple ravi de constater que je n'avais pas été blessé en cent ou cent cinquante corridas. J'ai tenu jusqu'à trois ans sans aucun accrochage.

De toutes les blessures graves que j'ai eues, je me rappelle celle de Bilbao. Deux jours plus tard, j'étais à nouveau dans l'arène, en boitant il est vrai. Immédiatement après, un autre taureau m'a blessé à Salamanque, et j'ai dû arrêter ma saison. La blessure la plus grave a été la dernière, celle d'Aranjuez. Il m'a fallu huit mois pour m'en remettre. Beaucoup de gens ont pensé que pour moi c'était terminé. C'est pour cela surtout que j'ai décidé de toréer encore trois ans ; je ne voulais pas qu'on croie que j'avais peur. Cette blessure très grave allait-elle me faire renoncer aux arènes à trente-huit ans ? Certainement pas.

Je comprends que le *Cordobés* ait déchaîné toute cette passion. C'était vraiment un *monstre*. Il avait une personnalité et un charisme extraordinaires. On a dit que je n'avais rien fait pour soutenir la rivalité. Mais je n'étais pas le seul. Si on a un reproche à me faire, il faut incriminer aussi Ordoñez, Puerta, le *Viti*, toutes les figures qui étaient en activité à l'époque. En réalité, personne n'y pouvait rien. Il a fait du jamais vu, il a pris des risques fous, et nous a tous laissés sur place. D'ailleurs, il ne me gênait pas, car son style était complètement différent du mien. Je faisais plus attention à Ordoñez, au *Viti*, à Puerta. Mais il serait stupide de ne pas reconnaître qu'il savait conduire les taureaux, qu'il toréait bien avec la main gauche, et qu'il a pratiqué un toreo nouveau, à deux doigts des cornes. Il se battait comme un lion. Non, vraiment, il n'y avait rien à faire avec lui.

Quant à Diego Puerta, il avait aussi un style différent du mien, mais le public l'aimait beaucoup. Son toreo était de grande qualité, et il y avait une constante émulation entre nous, surtout dans les *quites**. Nous étions des amis intimes, mais dans l'arène nous étions comme chiens et loup. Il savait toréer, et en plus il a eu un courage que je n'ai jamais vu à personne. Avoir ses qualités de torero, et avoir des couilles pareilles, ça n'était pas possible ! Encore maintenant, il torée dans un festival et il se met à faire des passes à genoux. On se dit : « Mais où est-ce qu'il va comme ça ? »

Depuis que j'ai commencé à toréer, à l'époque de mes culottes courtes, j'ai toujours mis la *muleta** en avant. Ceux qui toréent avec la *muleta* en arrière du corps font des demi-passes. Moi, j'ai aimé faire des passes entières. J'ai également fait en sorte de toréer avec la gauche, en appuyant la *muleta* sur la jambe gauche, et en avançant celle-ci. La vraie *naturelle** se donne ainsi, et non pas en appuyant la *muleta* sur la jambe droite.

Séville ne m'a pas témoigné la même affection qu'à un Curro Romero, c'est vrai. Mais cela m'était un peu égal, car quand je venais y toréer, c'était moi qui choisissais les taureaux, et moi qui décidais du cachet. Tout le monde le savait. Lorsqu'on ne me donnait pas ce que je voulais, c'était tout simple : je ne venais pas. Je n'étais pas prophète en mon pays, mais qu'importe. Je suis resté trois ou quatre ans sans toréer à la *feria* de Séville, parce qu'on ne s'était pas mis d'accord sur les conditions, et je n'ai pas protesté en prétendant qu'on devait absolument m'engager parce que j'étais un enfant du pays. Mais d'un autre côté, lorsque j'ai toréé là-bas, cela a toujours été en me situant à la place qui me revenait. Je n'ai jamais eu à mendier pour me produire dans la Maestranza. Cela a pu agacer les gens. Le public m'attendait au tournant, et me regardait à la loupe, preuve que je n'étais pas n'importe qui.

Quant au public de Madrid, il est plus dur, mais quand on torée vraiment bien, il se laisse plus facilement fléchir. A l'heure actuelle il y a une minorité particulièrement remuante et désagréable. Mais à la vingtième passe, ces gens-là restent bouche bée. De mon temps, c'était aussi comme ça. L'ennui à présent c'est que lorsqu'un bon taureau est sorti pour une vedette, ils veulent à tout prix qu'on le remplace. Ces empêcheurs de danser en rond prétendent faire la pluie et le beau temps. En revanche, si le bétail est mauvais, on n'entend plus une protestation. La vedette n'a qu'à se débrouiller.

Mon fils Rafael, qui commence à se faire un prénom dans cette profession, a une tête qui fonctionne très vite. Après les douze *novilladas** où je l'ai vu à l'œuvre, c'est ce qui me frappe le plus. Son style rappelle un peu le mien, et d'ailleurs ceux qui savent toréer se ressemblent. Je ne lui donne aucun conseil ; je lui dis simplement qu'il faut s'engager à fond. S'il fait quelque chose qui ne me plaît pas, je le lui dis, mais normalement je ne lui parle pas dans l'arène.

Je n'ai jamais perdu la tête devant le taureau. Quand j'étais bien, je ressentais du plaisir, mais ça ne m'enivrait pas. Pendant que le public laissait libre cours à son enthousiasme, moi je pensais : « Bon, eh bien, c'est le moment de profiter que les gens sont chauds pour tuer le taureau. »

Tout ce que je suis, et tout ce que j'ai, je le dois à la tauromachie. Cette fête ne va jamais disparaître. De nouveaux talents vont se manifester, et il faut espérer que les taureaux recommenceront à charger comme il faut. Le problème des élevages braves aujourd'hui est qu'on exige que les bêtes aient quatre ans accomplis, et plus de cinq cents kilos. Dans ces conditions, un taureau ne charge pas facilement. Les *novillos* chargent beaucoup mieux, parce qu'ils ont un an de moins, et beaucoup plus de mobilité. Le spectacle n'en est que meilleur. Même si le public croit qu'on l'abuse, une bête légère, et par conséquent plus mobile, peut au fond produire plus de dégâts. Au mois d'août des années 1961 et 1962 le sanatorium des toreros affichait complet.

SANTIAGO MARTÍN *EL VITI*

L'ARÈNE où j'ai eu le plus de mal à être satisfait de moi-même est celle de mon élevage. Il est difficile de supporter le regard des familiers, qu'on rencontre tous les jours et qui connaissent vos secrets et vos failles. Ailleurs, et dans la plupart des cas, j'ai réussi à surmonter le trac, et quand je n'y suis pas parvenu cela m'a coûté le succès. Il y a d'autres publics devant lesquels j'ai tardé à percer, en France par exemple. J'ai sous-estimé l'importance de cette *afición,* et j'ai raté le train. J'ai mis deux ou trois ans à prendre sa mesure, et quand enfin elle m'a reconnu, j'étais pratiquement au bout de ma carrière. A Mexico ou à Séville, ma préoccupation était si grande qu'il m'a fallu plusieurs saisons pour m'imposer. On ne peut rien faire d'important sans un grand désir, mais il faut aussi surmonter le sentiment de cette importance. Pour ne pas avoir su contrôler mes nerfs, j'ai gâché un grand amour, l'amour fraternel qu'avait pour moi le public de Bilbao. Je me suis laissé gagner par ces sautes d'humeur auxquelles nous sommes sujets, qu'on les appelle orgueil ou désintérêt. Il y eut une année où mes prestations furent franchement indécentes, je le reconnais. Mais pour obtenir un amour que le public ne m'offrait pas, j'ai rompu les barrières. Avec les taureaux il en a été de même.

Pourquoi avons-nous besoin de la foule ? Parce que notre sens artistique exige une reconnaissance qui nous pique au vif, à défaut de nous porter aux nues. Le public ne devient pesant qu'à partir du moment où le torero n'est pas entièrement centré sur son œuvre. Le taureau et lui sont deux personnes qui réunissent quelque chose qu'ils sont en train de créer ensemble. S'ils arrivent à s'harmoniser, ils donnent l'impression que rien n'existe autour d'eux. En de très rares occasions au cours de toute une vie professionnelle, on parvient à concentrer tous ses sens, tous ses sentiments, en oubliant même la raison qui nous fait vivre humainement. Alors, on devient une sorte d'élément mobile, et le reste disparaît. Plus de douleurs physiques, morales, ni d'incidences sociales ou matérielles. Quatre ou cinq fois dans ma carrière j'ai éprouvé cela : je ne savais plus si je devais payer la *cuadrilla** ou le fisc, si j'étais de ce pays ou d'un autre. Ces brefs instants de plénitude justifient tous les sacrifices. Plus rien ne compte, pas même l'absence de l'être le plus cher, face à l'évidence de cette liberté naturelle, de cette réalisation physiologique où le toreo tient lieu d'univers voire d'universalité.

Ce monde si particulier des taureaux est d'un sentimentalisme extrême. Quelque chose de visible l'exprime beaucoup mieux que l'écriture. La culture peut nous aider à communiquer notre expérience, mais celle-ci ne pourra jamais devenir transparente. La communication parfaite n'est pratiquement possible qu'entre l'homme et son taureau. Quant à en expliquer le sens, il faudrait pour cela qu'on se soit consacré à l'étude de cet art. Nous, nous ne sommes que les exécutants.

On a pu parler de mon *dominio** sur les bêtes comme

d'une mathématique, à tort je pense. Il est possible que j'aie donné le sentiment qu'un taureau me suivait, non parce que je le dirigeais réellement, mais parce qu'il me donnait, sans que j'arrive totalement à le croire, ce que j'espérais de lui. Or, lorsqu'il se refusait à moi, l'effort que je fournissais pour vaincre sa résistance était, curieusement, ce qui donnait le moins aux gens le sentiment d'une domination, même s'il était couronné de réussite.

L'effet qu'on produit dépend de l'état d'esprit dans lequel se trouve la foule. Parfois on met dans le mille avec un petit détail auquel on a su donner une grande résonance, et parfois avec un plus grand effort et un labeur dans l'ensemble plus efficace on n'arrive pas à faire naître l'étincelle. C'est peut-être parce que l'œuvre du torero, comme beaucoup d'autres choses, se compose de petits éléments qui peuvent avoir chacun un écho particulier. Certain jour inspiré, on sait vendre quelque chose qu'on croit sans importance, une simple demi-véronique.

Pour parvenir à dominer le taureau, il faut évidemment avoir de la volonté, et connaître toutes les variantes possibles d'un être qui, même si on veut en faire un ami ou un collaborateur, réserve bien des surprises. Mais si on ne sent pas de l'amour pour ce collaborateur indispensable, qui nous permet de nous réaliser dans la vie, on ne pourra jamais obtenir le *dominio** ni par conséquent la reconnaissance du public.

On a cru que j'étais le type même du torero castillan et un peu froid. Cependant, il m'est arrivé d'éprouver cette soûlerie des sens, de la passion, qui peut aller jusqu'à déséquilibrer la raison naturelle. C'est par là que viennent l'erreur et l'accident. Vient le moment où on risque de sous-estimer son collaborateur, et de « lui manquer de respect ». On passe les bornes, et on tombe dans le précipice.

On laisse le métier quand on sait qu'on ne sait presque rien. Il nous reste tant de choses à réaliser ! Pourtant, si le torero n'a pas la lucidité de partir au moment opportun, qu'il s'attende à ce que ce soit la profession qui le chasse. Les gens sur les gradins payent pour voir un torero quelque temps, et non pas pour le voir toute sa vie. Et ils payent pour le voir briller. Si on ne répond pas à leur attente, la lassitude est inéluctable. Le problème est de trouver le bon moment pour partir ; on ne sait jamais où il se situe. Là où je crois que nous tombons tous juste, c'est quand nous cessons d'exister.

Le *temple** naît avec le torero, même si par la suite il lui faut apprendre à l'adapter à son partenaire. Parfois on a confondu la limpidité du toreo et le *temple.* Il est très difficile d'avoir le goût assez subtil pour distinguer ces qualités. Il ne faut pas non plus le confondre avec le *dominio,* bien que ce dernier puisse apparaître comme une conséquence du *temple.* Si on repassait différentes *faenas** à une même vitesse avec une caméra, on verrait la différence. On comprendrait que, contrairement à la limpidité et au *dominio,* le *temple* ne s'apprend pas, et n'est pas limité par une quelconque réalité. C'est plus que de la lenteur : on donne l'impression d'arrêter le taureau, et en fait le taureau ne s'arrête pas ; c'est l'homme qui s'adapte à son rythme.

Il y a des toreros qui n'ont pas été intrinsèquement *templados* dans leur expression, et font néanmoins partie des très grandes figures de la tauromachie. Tel est le cas d'Antonio Ordoñez qui, par son toreo limpide et son grand art, constitue un modèle que j'admire énormément, et qui ne me paraît pas avoir été au plus haut degré un torero de *temple*. Inversement, d'autres toreros ont eu la plénitude de ce don, sans avoir pour autant la dimension d'un Ordoñez. Paco Camino a été un torero admirable, et il ne s'est pas distingué par son *temple*. De même, *Antoñete* a eu le génie des grands toreros, mais il a surtout toréé limpidement. En revanche, l'artiste par excellence de la cadence et du *temple* est Curro Romero. J'en dirais presque autant de Luis Miguel Dominguín.

Quand j'ai commencé, je voulais être varié. Par la suite, j'ai élagué pour me perfectionner dans une figure qui méritait davantage mon attention. Il y a eu des époques où mon souci était de bien toréer à la cape, à la *muleta**, ou de réussir avec l'épée. Mais avec le temps je me suis plutôt fixé sur la *muleta*. Cette phase est devenue pour moi une véritable obsession et mon point fort, qui a relégué quelque peu la cape et l'épée. Je pense à ma dernière époque.

Je vais être sincère. Quand on repasse la carrière des grands toreros, ce n'est pas l'estocade qui les a mis au premier plan. Durant mes premières années, on a absolument voulu me coller l'étiquette d'*estoqueador*. C'est probablement la raison pour laquelle je me suis encore plus attaché à la *muleta*, qui d'ailleurs correspondait mieux à ma façon de sentir et d'interpréter la tauromachie. J'étais un peu agacé que le public veuille m'imposer un moule, alors qu'en réalité j'étais comblé par ce que je ressentais et par ce que je désirais. Je voulais que les gens prennent ce que je leur offrais. Encore maintenant, certains pensent que j'ai été avant tout un estoqueur. Je n'ai pas été un grand estoqueur, mais je n'ai pas non plus été aussi mauvais que certains l'ont dit. Il n'empêche que j'ai accordé à chaque tiers de la corrida l'importance qui lui est due. Il m'est même arrivé au-dedans de moi d'avoir un *olé* pour celui qui plaçait les banderilles selon les règles.

Le *temple* et le *dominio* supposent qu'on s'adapte aux conditions du taureau. C'est également vrai pour les questions de force et de résistance. Après chaque corrida, je parlais des taureaux avec un grand ami, un homme de ma *cuadrilla**; il me disait quelquefois : « Santiago, rends-toi compte que tu épuises la plupart de tes opposants. Tu leur baisses trop la main, et quant au parcours que tu exiges de la bête, elle ne le supporte pas, et elle s'arrête à la moitié de la *faena,* parce que tu l'étouffes. »

On ne peut rien faire de brillant avec un taureau qui n'a pas la force nécessaire, mais il faut toujours veiller à le ménager, à ne pas l'asphyxier, à ne pas lui « baisser la main » avec excès. Sans doute ce sens s'est-il développé en moi. Mais il y a une autre composante, qui est le parcours. Ce n'est pas la même chose de toréer en ligne droite, et de toréer de façon circulaire. Tous les taureaux ne supportent pas cette trajectoire. Or, comme c'était cette trajectoire que je leur demandais dans mon interprétation, je devais d'un autre côté les soulager et leur faciliter la tâche.

J'ai été marqué dans mon enfance par l'*afición* de mon père. En outre, il aimait beaucoup la peinture ; il aimait surtout peindre des scènes de taureaux. Il m'a emmené voir mes premières courses. Dans la rue, nous jouions à la corrida avec mes frères et les amis du quartier. Nous provoquions la moindre bête qui faisait mine d'avoir envie de charger. Chez mes frères, cette vocation ne s'est pas développée ; chez moi, au contraire, un désir s'est fait jour au fil des années, qui s'est cristallisé avec *Jumillano,* l'idole du moment à Salamanque. C'est son exemple qui m'a poussé dans cette voie qui depuis longtemps, sans qu'on sache comment ni pourquoi, s'était dessinée en moi, ou qui était déjà inscrite dans mon for intérieur. Certes, j'étais surtout en contact avec le monde des taureaux. S'il y avait eu à proximité une école de musique, ou un atelier de peinture, je ne sais pas ce qui serait arrivé. Toujours est-il que je me sens très heureux de m'être réalisé dans l'activité que j'ai choisie. En de très rares occasions, mais avec plénitude, j'ai vécu des instants si sublimes que je ne sais comment les qualifier. Je doute qu'un autre métier ait pu m'apporter une telle expérience de liberté spirituelle et humaine.

J'ai pris soin de ne pas confondre ma vie de tous les jours et le toreo. J'ai voulu être dans ma profession ce que je me suis cru, et ce que j'ai senti. Pour les générations précédentes c'était presque un stéréotype : les toreros aimaient continuer à être des toreros jusqu'à la mort. Le monde de chacun n'appartient qu'à lui-même, et de mon point de vue, hors de l'arène et sauf exception — je ne veux pas être hypocrite —, je n'aime pas en général qu'on me reconnaisse comme « le *Viti* ». Je ne suis torero que dans l'arène. A la ville je suis le plus souvent gêné d'être le *Viti,* j'aime être Santiago Martín. Quand je torée, j'aime être naturel dans mon interprétation ; il en va de même dans la vie civile. C'est sans doute ma famille qui a su le mieux accepter Santiago Martín, la personne. Il m'est arrivé d'avoir honte de me sentir torero dans la rue. Je ne veux pas être une idole d'argile, je veux être une idole naturelle, si jamais j'en suis une.

Le théâtre fait partie du monde de l'arène. Je pense par exemple à ce geste du matador, lorsqu'il vient de coucher le taureau, et qu'il se retourne vers le public dans une attitude triomphante. C'est une façon théâtrale de mieux souligner le final ; c'est un geste qui représente le sommet de quelque chose. Dans l'arène ce théâtre s'explique, parce que c'est l'attitude d'un artiste en cohérence avec son œuvre. Mais hors de l'arène, nous sommes tous aussi nus. Entendons-nous : dans l'arène on est à nu, et en même temps on est revêtu d'une interprétation, celle que demande l'œuvre. On est à nu parce qu'on est dans la clarté de l'expression, mais en train de « vendre » quelque chose, et d'accaparer l'attention de quelqu'un qui veut « acheter », pour parler en termes monétaires.

Ayant quitté l'arène, je regrette la chose la plus importante, qui était une expression extraordinairement libre. Hors de ce monde du taureau, je ne peux m'exprimer avec la même clarté que quand je « vendais » mon sentiment devant le public. Cette expression si libre de toute ma vie plaisait ou ne plaisait pas, mais c'était toute ma vie que j'offrais là. Que je sois bien ou mal, je ne me réservais pas, comme dans l'existence quotidienne. Je donnais tout ce que j'avais à donner, et on le remarquait aussitôt. Le cas échéant, on me conspuait, mais lorsque j'étais bien, les personnes qui pouvaient avoir des idéologies et des conditions sociales différentes m'appréciaient également. Le sentiment produisait immanquablement son effet ; je sentais qu'on me sentait. La vie quotidienne, avec toutes ses conventions et ses charges affectives ou sociales, n'est pas la vraie vie, peut-être parce qu'elle est plus difficile à dominer, pour moi en tout cas.

Pour un torero, les pinceaux ou les instruments nécessaires à la création, ce sont d'autres personnes bien accordées avec lui ; je veux parler de sa *cuadrilla**. Avec mon homme de confiance, Antonio Chaves, nous commentions toutes mes prestations. Il avait de grandes ambitions pour moi, peut-être parce qu'il pensait pouvoir réaliser à travers moi ce qu'il n'avait pas réussi à atteindre lui-même. C'est pour cela qu'il discutait avec moi. Ses commentaires dénotaient un grand pouvoir d'analyse et une froideur constructive. Parfois nos points de vue ne coïncidaient pas, et je lui tenais tête, mais cette discussion portait toujours ses fruits. Il m'a stimulé et éperonné. Ce que j'ai obtenu, je le dois en grande partie à la communication qu'il y avait entre nous. Il était ambitieux pour moi, mais pas autant que moi-même. Mon ambition était si considérable que le résultat, après tant d'années, est resté en dessous. Je ne suis pas arrivé là où je rêvais de me situer.

Quand le danger ou la peur sont là, on peut certes s'appuyer sur la religion. Pour moi, je l'avoue, mon père m'a autant aidé, ou ma mère. Quand je m'écriais au-dedans de moi : « Aïe ! Ma mère ! », je me souvenais vraiment d'elle. Ou quand il y avait un moment difficile à surmonter, je pensais à mon père que je n'aurais pas voulu faire rougir. J'étais piqué au vif à l'idée d'éprouver le jugement de ma famille, de mes frères, et il est possible que je pensais à cela plus qu'à Dieu, sans vouloir l'offenser. Un jour, au cours d'une conversation, un prêtre m'a demandé pourquoi j'étais si sérieux lorsque je toréais. Je n'ai pas pu m'empêcher de lui rétorquer : « Et vous, lorsque vous consacrez l'hostie ? — Sacrilège ! Comment oses-tu comparer... — Le sacrilège, c'est de poser votre question. Eh quoi ! Je ne pourrais pas être sensible au rite de ma profession, et vous, vous seriez le seul à pouvoir l'être dans votre culte ? »

Le toreo n'a rien à voir avec la violence. Cela ne veut évidemment pas dire qu'il n'y a pas de violence. A un moment survient la mort d'un être, d'un animal — on peut le qualifier d'innocent si on veut — ou d'un homme. Mais il faut se dire aussi que c'est la conséquence d'une réalité préexistante. La vie est faite de vie et de mort. Innombrables en sont les chemins, et unique le terme du voyage. Alors, chacun donne une sorte de vie à sa manière de sentir. Le toreo est un mode de communication avec une masse, qui — soit dit en passant — quand elle devient masse peut avoir son côté désagréable. Mais lorsqu'elle parvient à capter quelque chose d'étonnant, de créatif, quand devant ses réactions, on croit qu'on crée, on sent qu'on est senti, cela n'a pas de nom.

Quant à la violence et au drame, dans notre manière d'être, ou dans notre conviction, nous les toreros, nous pensons que les compagnons morts dans l'arène ne doivent sentir aucune rancœur. Nous pensons que l'animal — je ne parle pas de sa souffrance — lui aussi a pardonné.

MANUEL BENITEZ *EL CORDOBÉS*

À peine franchie la porte des arènes, je me plongeais dans le public. Sans m'en rendre compte, je savais ce qu'il allait exiger de moi ce jour-là, avant même de faire le *paseillo**. C'est un don du ciel. La clef du succès tient à l'accord entre les trois éléments : le taureau, le torero, et le public. Ce dernier ne fait pas seulement connaître ses désirs avec la voix, mais avec ses applaudissements, son silence, sa tristesse parce qu'on ne lui donne pas ce jour-là ce qu'il demande ; sans doute parce qu'il demande l'impossible. Il se fâche, et il a ses raisons. Mais il n'a pas compris que les conditions de l'opposant ne permettaient pas au torero de lui envoyer le message espéré.

Ceci explique ma réussite. Si je n'avais pas su capter rapidement le public, tout se serait effondré pour moi. Car toréer pour le seul plaisir de faire des passes à un taureau, ça n'a pas plus d'intérêt que d'être mû par une pile électrique.

La difficulté est de mettre tous les spectateurs d'accord ; car, pour ce qui est du taureau, c'est plus simple : avec un peu d'attention on en fait son affaire. J'arrivais à les dominer presque tous, en les entraînant sur le terrain que j'avais choisi. Il est plus intéressant de mettre le public dans sa poche, de l'allumer avec tous ces rayons « laser », et de le maintenir sous tension une dizaine de minutes, le temps d'une prestation.

Pourquoi va-t-on voir tel torero plutôt que tel autre ? Parce qu'il vous alimente, non pas l'estomac, mais le plaisir, l'espérance qui vous attire dans une arène.

J'ai été avant tout un créateur. C'est à cause de ça que j'ai suscité toute cette polémique. En refusant de copier les autres, je me suis attiré des ennuis. Le *saut de la grenouille,* c'est du toreo, et ça n'en est pas. Mais qui ose le faire maintenant ? Et la *passe de l'avionnette ?* Si dans le toreo on ne donne pas autre chose que des *droitières** et des *naturelles**, où va-t-on ? Allons-nous rester la bouche ouverte, le chapeau sur les yeux pour mieux nous assoupir ?

Le créateur n'est reconnu qu'après un certain temps. Pourtant, j'ai battu le record de Belmonte qui était de toréer en une saison 109 corridas. J'en ai fait 111. Je me suis surpassé moi-même, puisqu'une autre année je suis arrivé à 121. Avec moi les publics — qui ne sont pas idiots — remplissaient les arènes les jours de semaine. Quand j'étais en activité, on organisait quatre fois plus de corridas que maintenant, les autres toreros avaient beaucoup plus d'occasions de se produire, on vendait beaucoup plus d'éventails à la porte des arènes, les hôtels étaient complets, à cause du trafic l'essence coulait à flots. Ai-je vraiment été une calamité pour la tauromachie ?

Si j'avais suivi la route de mes confrères, j'aurais été un désastre. Voyons si la génération actuelle est capable de suivre mon exemple, et d'inventer à son tour. Il y a un public casanier, qui veut du pain et du fromage, du fromage et du pain ; on ne le sort pas de là. Heureusement il y a aussi un public qui aime qu'on lui présente des mets plus variés, et qui souhaite les savourer tout. J'étais un de ces plats rares.

Avec les *aficionados* traditionalistes je n'ai pas eu trop de problèmes. Ils n'ont pas fait partie de mon public, voilà tout. Le plat était trop grand pour eux. Ces gens se défient du créateur. Dans un autre domaine, Picasso a fait preuve du même courage, et de la même provocation consciente. Quant à moi, j'ai dû risquer plus d'une fois le tout pour le tout, et démontrer que ce que je faisais était aussi du toreo. Et d'ailleurs, la *manoletina* qu'a créée *Manolete,* est-ce du toreo ? Ce n'est pourtant pas une *naturelle*, c'est une manière de faire passer le taureau par le haut, de se retourner, et de « chasser les mouches » encore une fois par le haut. Et dans la *chicuelina** on s'enroule la cape autour du corps, et la bête passe comme un express. Qui a dit qu'il fallait toréer seulement avec des *droitières* et des *naturelles* ? On ne m'a pas suivi, non pas parce que ce n'était pas du toreo, mais parce qu'on n'était pas capable d'en faire autant. Car il fallait se mettre sur un terrain où il n'était pas facile de rester. On m'a demandé le *saut de la grenouille* à Madrid, à Séville, à Mexico. Si ce n'était pas du toreo, pourquoi me le demandait-on ?

J'ai étudié des créations dans les *tientas**, quand personne ne me voyait. Dans ma petite arène, je me demandais comment j'allais pouvoir changer ceci ou cela, faire ce que personne n'avait fait avant moi. J'ai innové non seulement avec la *grenouille* et l'*avionnette*, mais aussi dans ma façon de marcher, de porter la mèche en bataille. Jusque-là un torero digne de ce nom devait rester parfaitement coiffé. Il sortait de l'arène sans une tache, encore luisant de brillantine. En le voyant, l'*aficionado* comme il faut béait d'admiration : « Quel superbe torero ! Tu as vu ? Il n'est ni taché, ni décoiffé. » Allons donc ! Comment ne pas se décoiffer, si on va lutter à mort avec un fauve ! Non, il faut se couvrir de terre, se lancer dans la mêlée. On faisait un contresens avec le toreo. Si on sort de l'arène en sentant l'eau de Cologne, si on ne dégage pas une odeur de bouse et de sang qui attire les mouches, c'est qu'on n'a rien fait. Dieu nous garde des toreros amidonnés ! On disait que Belmonte était contrefait, qu'il manquait d'élégance, et son souvenir est toujours aussi écrasant. Un torero doit se faire décoiffer par ses taureaux, il doit s'essuyer la sueur du visage avec la serviette, et même le corps, qui a porté le poids du costume de lumières, de la peur, de la responsabilité. En une heure et demie tout peut arriver, et il est normal que le corps accuse le coup, et qu'à l'intérieur il n'y ait pas un nerf qui ne bouge. Si on rit, c'est parce que la bouche sert d'exutoire, plutôt que l'autre partie du corps qui ne se voit pas. Je riais très souvent, mais c'étaient les nerfs. C'est ce qui arrive, quand on risque le tout pour le tout.

Ni le public, ni la presse n'ont su me définir. Personne n'est capable de dire : « Le *Cordobés* est ainsi. » Et moi je ne le dirai pas, car je ne veux pas en rester là. Je crée instantanément, et ce qu'on voit aujourd'hui sera changé demain ; alors on ne pourra plus me suivre. Aucune plume n'arrivera à analyser ce que j'aurai fait. Je vois et je crée, pour peu que le taureau me laisse la moindre chance. Autrement, bien sûr, il n'y a rien à faire.

Le toreo est un jeu qui comporte trois cartes et trois joueurs. Chacun joue la sienne, et ignore au départ celle des deux autres. Mais il faut ensemble gagner la partie. Le public ne me connaît pas ; il ne sait pas ce que je porte en moi, et il ne connaît pas non plus le taureau. Moi non plus, je ne connais ni le public, ni le taureau, et ainsi de suite. Nous essayons de nous combiner pour que tout se passe à la satisfaction générale. Voilà le seul jeu de cartes qui vaille qu'on risque sa vie.

En lui-même, le taureau ne me dit rien. Je sens les choses devant lui, mais seulement en contact avec le public, lorsque j'ai la faculté de lui envoyer mes rayons.

A un moment de mon existence, je me suis dit : « J'ai deux routes qui s'ouvrent devant moi. Pour travailler dans une exploitation agricole, j'ai encore le temps. Je crois que je peux gagner de l'argent avec les taureaux (la vérité est que je pensais pouvoir être torero, mais je ne m'imaginais pas du tout que j'allais arriver à ces sommets). Si d'autres le font, pourquoi pas moi ? »

J'ai vu que je n'avais pas de problème à me mettre devant un taureau. S'il fallait toréer par le haut ou par le bas, ça, je ne le savais pas, mais je savais me placer sur ces terrains. Le fait de gagner plus ou moins d'argent nous échappe. Il se trouve que le public m'a soutenu dès le début, et pas seulement en Espagne. Ce qu'il faut en tout cas, c'est réfléchir et savoir lutter dans la vie. Et si ça ne marche pas, on suit le deuxième chemin. J'étais presque aussi heureux sur un tracteur. J'étais sur le point de partir en France pour travailler dans la betterave, et à Madrid je suis resté avec les vingt derniers qu'on n'a pas recrutés. Si j'avais dû abandonner le monde de la corrida, je n'en aurais pas fait une maladie.

En arrivant dans ce monde je ne savais rien. Dans ma famille il n'y avait pas eu de torero. Il faut voir d'où je suis sorti ! Mais je ne me suis pas contenté de donner une passe de *muleta** d'un côté et de l'autre. J'ai mis en jeu quelque chose qui est à moi. Ce que je suis, je ne le vends pas pour de l'argent. Je n'ai jamais fait de la publicité. Si un jour j'en ai besoin pour mes enfants, ou pour manger, je ne dis pas non. Mais tant que je pourrai travailler, je ne ferai pas de spots pour de l'argent. Je vaux plus que ça, et plus qu'un réfrigérateur ou une chemise.

J'aurais pu faire facilement du cinéma. On m'a proposé plusieurs fois de faire des westerns. J'ai refusé, parce que ça m'ennuyait. *Apprendre à mourir* était différent ; c'était l'histoire de ma vie tournée par moi-même, et en faisant ce film je me souvenais de tout ce que j'avais vécu. Je vivais tout ça avec une telle intensité qu'il n'y avait rien à couper. Je n'avais pas à revoir le scénario. Tant mieux, car je ne savais pas lire. Paco Ruiz le lisait, et je l'écoutais. Il me disait quand je devais me lever, prendre telle expression, et j'y arrivais immédiatement. Comme je portais en moi le rôle, j'étais en avance sur le scénario et sur le metteur en scène.

Je dois beaucoup à Rafael Sanchez *El Pipo*. Il a cru tout de suite en moi. Il m'a connu à travers une photo. Il n'avait pas un centime, et il a fait une chose que je n'oublierai pas : il a déposé au mont-de-piété des bracelets appartenant à sa femme et à sa fille pour me faire toréer dans une *novillada** à Cordoue. Tout est parti de là. Par la suite, il est arrivé un moment où don Rafael a cru que c'était lui qui faisait les passes, et on ne s'est plus entendus. J'ai dû lui dire que si je devais être torero selon ses plans, je préférais m'en aller. J'ai un caractère assez fort, et j'abats rapidement mon jeu. Je supporte mal d'être manipulé. De toute façon je lui suis très reconnaissant, car sans lui je ne serais pas devenu ce que je suis. Il m'a pris en charge au moment où j'allais partir pour la France.

Ses conseils étaient très bons. Il me parlait souvent de *Manolete* dont il était un grand admirateur, et d'une certaine manière il m'a mis son toreo dans la tête. On ne s'est pas compris plus tard dans les affaires, mais ça n'enlève rien au respect et à la reconnaissance. C'est un homme qui a beaucoup de courage pour lancer les choses. Malheureusement, il ne peut pas s'empêcher de jeter l'argent par les fenêtres. Son erreur est d'avoir cru qu'il pouvait faire du *Cordobés* sa créature, et qu'il pouvait sortir de son chapeau d'autres phénomènes comme moi. Il a fini par se rendre compte que ce n'était pas si facile. Il pensait qu'avec son sens extraordinaire de la publicité il avait tous les atouts en main, et par conséquent que j'étais une baudruche, une vedette en papier. Il lui a fallu déchanter et réaliser que j'étais fait de chair et d'os, et que je n'étais pas un produit du journal. Je crains bien qu'il n'ait jamais su qui était en vérité le *Cordobés,* derrière le montage publicitaire. Je lui ai donné ce que j'avais, et il ne m'a pas payé de retour. C'est dommage, car avec ce don qu'il avait pour les lancements, il aurait pu devenir quelqu'un. Mais on peut vendre du Coca-Cola à la télévision, pas des hommes. A quatre heures de l'après-midi devant un taureau, il n'y a plus de journal qui vaille. *El Pipo* a trop cru au pouvoir de l'encre.

Si les toreros étaient revêtus d'une cuirasse, et s'ils avaient un bras mécanique, personne n'irait aux arènes. Avec moi la joie prenait le dessus, et les gens passaient un bon moment, mais un malheur pouvait aussi arriver, même si le public ne venait pas chercher l'accident, mais l'émotion joyeuse. De nos jours, on torée partout, et c'est le calme plat. Il manque le contact, l'étincelle. En ce moment tout ce qui se passe aux arènes de Madrid est dû au fait que les gens ont l'esprit ailleurs.

Les toreros actuels sont tous bons, ça n'est pas la question, mais quand je toréais, beaucoup de gens avaient la chair de poule et étaient hors d'eux-mêmes. Je parle du public qui a vécu tout cela profondément, quand les entreprises s'arrêtaient, quand ceux qui ne pouvaient pas se payer une place de corrida gageaient un sommier, vendaient une chèvre, empruntaient mille pesetas à un ami. Ces gens-là étaient pour moi un moteur, beaucoup plus que le taureau.

En ouvrant le *compas** des jambes, on embarque plus facilement la bête ; elle n'a même pas le loisir d'apercevoir le corps de l'homme. Il y a plus de mérite à l'attendre, les pieds sur la même ligne, et la *muleta** à la hauteur du corps. Alors, on donne un coup sec à l'étoffe pour l'appeler ; on laisse la main morte, parallèlement au corps ; puis on se délivre de cette position risquée en détournant le taureau au dernier moment. C'est la demi-passe. En ouvrant la jambe, et en avançant la *muleta,* on gagne deux mètres, et ça, n'importe qui peut le faire. L'autre manière est nettement plus risquée. C'est ce que pratiquait déjà *Manolete.*

Pour faire ce métier on n'a pas besoin d'être un athlète, car le torero n'est pas fait pour courir. Mais j'ai été très aidé par la souplesse de ma taille et l'élasticitié de mes poignets. J'ai tellement fait travailler mon poignet qu'un jour il s'est brisé pendant que j'étais en train de toréer. C'était mon meilleur atout pour dominer le taureau, et c'est à lui que je dois de n'avoir jamais eu à sauter la barrière. La confiance que j'avais en moi ne tenait pas à mes jambes. J'étais conscient au contraire qu'il fallait lutter sans courir, en gagnant toujours du terrain. Ou je gagnais ce terrain, ou c'était le coup de corne. Quand je suis venu à Madrid, au moment de confirmer l'*alternative**, j'étais décidé à sortir en triomphe par la grande porte, ou par celle de l'infirmerie. Ce fut l'infirmerie ; en tout cas il était écrit que ce jour-là je ne devais pas quitter l'arène sur mes pieds.

Je cherchais le *sitio**, la distance idéale. C'était une chose différente que j'avais à l'esprit et que je voyais, où je pouvais respirer. Elle n'était pas à deux mètres, ni à un mètre et demi, mais tout près du point d'eau. J'y ai goûté une extraordinaire fraîcheur, mais le chemin pour y parvenir m'a presque coûté la vie. Après, ce fut plus facile ; il n'empêche que je me plaçais sur des terrains incroyables.

Il y a des taureaux qui ne se prêtent au jeu que si on les entraîne vers le terrain approprié. Mais pour cela il faut savoir ce qu'on a devant soi ; cet être qui s'appelle un taureau, qu'est-ce que c'est, et qu'est-ce que je vais faire avec lui ? Le plus souvent, j'ai réussi à l'amener où je voulais sans l'asphyxier. Je n'ai jamais cassé la charge d'un taureau. Je lui ai fait confiance à priori, et j'ai essayé de l'aider. Au lieu de commencer par lui briser l'échine, je lui disais : « C'est à nous maintenant ; notre vie est en jeu. Allons vers le centre pour que tu aies de l'air. »

Ces premières passes nous permettaient de nouer une amitié. Si on le fait se retourner sèchement, le taureau se défend avec la tête. Mais comme je le traitais avec douceur, c'était comme si ensemble nous nous promenions dans un jardin. Par la suite, et seulement si c'était nécessaire, je me servais de ma *muleta* pour combattre ; je ne commençais jamais avec cette intention : la caresse de la bête provoquait la caresse de l'homme.

Seul le dernier tiers de la course m'intéressait. Avec la

cape je ne serais pas arrivé à grand-chose, et ce n'est pas elle qui m'aurait apporté de quoi manger ! Le moment de la cape me laissait trop peu de temps pour me « centrer », et pour exercer mon pouvoir. Avec la *muleta* il en allait différemment. Certes, les puristes me reprochent le *saut de la grenouille,* sans se rendre compte des risques inhérents à cette figure : durant une seconde, quand on se retourne en l'air, on perd de vue les cornes. On décolle, le taureau charge, et on ne sait pas où il va mettre la tête.

Dans l'arène, instinctivement on fait corps avec les autres toreros. Quand l'un de nous se fait prendre, les autres se précipitent pour qu'il ne lui arrive rien. Mais ce réflexe n'ôte rien à la rivalité qui est bien réelle. J'étais furieux de voir quelqu'un couper avant moi les oreilles. J'étais ravi au contraire quand, après une bonne *faena**, il piquait sur l'os et ratait son *estocade.* Les autres ressentaient exactement la même chose à mon égard. Cependant, si après avoir éloigné le taureau du cheval, on se rend compte qu'il pèse sur un côté, on n'hésite pas un instant à avertir le confrère.

J'ai pardonné aux *espontáneos** qui se sont jetés dans l'arène quand j'étais en train de toréer. Je ne pouvais m'empêcher d'avoir de la sympathie à leur égard, car j'ai été l'un d'eux. Mais je crois qu'aujourd'hui on n'a pas besoin d'en arriver à ces extrémités pour se mettre sur orbite.

D'ailleurs, ça n'a que peu de chose à voir avec le toreo. Un *espontáneo* se lance comme un homme ivre. Il est aveuglé par ses nerfs, et par la peur de la police. Il ne se rend même pas compte de ce qu'il a devant. Et puis, être torero, ça n'est pas seulement faire des passes, bonnes ou mauvaises. Ces passes ne sont tout au plus que quelques pages d'un livre qui en comporte beaucoup. Le toreo est une bataille continuelle. Dans la vie, le courage est tout aussi important, non pas pour chercher la bagarre, mais par exemple pour supporter les regards du public sans faire mauvaise figure. J'ai beau ne plus être en activité, je réagis encore en torero, parce que j'aime la bataille de l'existence. On ne me verra jamais avec du ventre, ou planté pendant des heures devant la télévision.

Un jour vient où la fatigue est la plus forte. Je me suis retiré lorsque j'ai compris que mon corps n'en pouvait plus. J'étais en train de toréer à Oviedo, et, en présentant la *muleta,* je vis deux taureaux se précipiter dans ses plis. J'ai coupé les oreilles grâce à mon immobilité, mais j'étais tellement épuisé que j'ai dû interrompre ma saison. Je n'avais plus de force, ni de réflexes, et cette vision des deux taureaux dans ma *muleta* m'avait sapé le moral. J'avais un nuage devant les yeux, mais je me rappelle encore ces deux masses noires et ces quatre cornes ! Il est arrivé quelque chose de semblable à Arruza. Il était dans sa chambre d'hôtel, et l'épuisement l'a rendu fou pendant quelques secondes. Il a pris la veste de son costume de lumières, et l'a jetée par la fenêtre.

Quand on laisse tout cela, comment ne pas regretter les applaudissements, les oreilles, le public ? Mais qu'y faire ? Les rides surviennent, la cinquantaine, les enfants... Il est temps se s'occuper de la cueillette des olives !

Lorsque j'ai fait mes premières armes, les *capeas** m'ont permis de manger en des temps très difficiles. Elles m'ont été très utiles, car au moins elles me remplissaient l'estomac, et elles m'apprenaient à accrocher le public. Je me produisais dans toutes les bourgades de la province de

Madrid, partout où il y avait des vaches à toréer. Nous faisions le tour de l'arène, en tenant la cape étendue comme un drap. Les gens criaient : « Au petit blond ! Au petit blond ! » On me jetait les pièces, et la plus grande part de l'argent atterrissait dans ma cape. Après le spectacle, nous nous mettions à l'ombre pour partager. Et pourtant c'était la même vache, et je courais autant que les autres. Dans un bar, nous changions toutes ces pièces contre un sandwich de sardines ou n'importe quoi. Avec les *capeas,* j'ai commencé à gagner de l'argent, le plus souvent sans toréer, et en faisant devant la vache ce que je pouvais.

Je ne crois pas que l'école de tauromachie soit la meilleure solution pour l'apprentissage de ce métier. Il faut d'abord être capable de lutter dans la vie. L'école sert pour apprendre à lire et à écrire ; elle n'a jamais servi pour apprendre à toréer. Le torero qui est arrivé est celui qui a su endurer toutes les privations, qui a marché des jours et des nuits sans manger. C'est le fait d'être à la dure qui vous pousse à aller de l'avant. Si on est habitué au confort, on ne se met pas véritablement devant un taureau, pas même juché sur une locomotive. Avec ces écoles on trompe les enfants et leurs parents. La mère fait des ménages, le père travaille en usine, et pour peu que le gosse ait l'air d'un petit torero, ils le voient déjà en habit de lumières à la porte des arènes. Mais ce gosse qui va à l'école taurine, il faut en plus lui donner cinq cents pesetas pour qu'il prenne un Coca-Cola ou s'achète un joint. Ne nous y trompons pas : que votre fils aille défier les bêtes dans les enclos, qu'il en revienne en lambeaux. Alors vous verrez s'il peut vraiment devenir torero. Voilà la vérité qu'on n'ose pas dire.

Je ne dis pas que pour arriver il faut presque mourir de faim, mais il faut risquer sa peau pour savoir ce que c'est qu'une attitude responsable dans la vie. J'envoie mon gosse de quinze ans à l'école de tauromachie de Cordoue, je le vois s'exercer avec le chariot à cornes, et je me dis : « Comme il torée bien mon gosse ! Finies, les études !... » Et puis il a une petite amie qui veut aussi être torera, et ensemble ils font leur apprentissage ici et là. Je les retrouve dans une discothèque, et je demande à mon fils ce qu'il fait là. « Papa, j'attends de me mesurer avec une vachette. »

Pourquoi y a-t-il actuellement un vide dans la profession ? Parce que nous avons élevé les enfants au yaourt ! Si c'était si facile de former des toreros dans une école, il existerait une autre école pour former des impresarios capables d'engager les premiers. Ni les enfants, ni leurs parents ne savent ce que peut être un taureau. Une fois leurs illusions par terre, beaucoup de jeunes finissent en ratés ou en délinquants.

On n'est pas torero si on n'est pas prêt à la bagarre. A dix-huit ans, j'ai fait trois mois de prison à Cordoue. C'était dans l'ordre des choses. J'ai brisé les clôtures, j'étais un oiseau de nuit errant au clair de lune. La garde civile m'a battu, non sans raison. J'ai risqué ma peau, j'ai eu des hauts et des bas, mais au bout du compte je m'y suis retrouvé.

D'autres, hélas, ont eu moins de chance. A Loeche, mon compagnon Manolo s'est trouvé face à un taureau de cinq ans dans une *capea**. Nous étions ensemble. J'ai attrapé un coup de corne à la jambe, mais lui a été plus sérieusement blessé. Quand nous sommes arrivés tous les deux à ce qui s'appelait alors le Centre sanitaire des toreros, personne n'a voulu s'occuper de nous, parce que nous n'avions pas la carte professionnelle. Je me suis juré que si un jour je devenais quelqu'un dans ce métier, je changerais ce règlement stupide et odieux. J'allais à peu près bien, mais Manolo était très mal ; sa fémorale était touchée. Quand il était arrivé à l'infirmerie de Loeche, qui comportait en tout et pour tout quatre murs, un lit, et une seringue, on l'avait installé dans le lit que j'occupais déjà. Et pourtant c'était une bourgade comme il faut, avec ses familles riches, ses fêtes, et son tissu de relations.

A l'hôpital provincial, où nous avions fini par être internés, nous étions dans des lits côte à côte. Le lendemain, sa mère vint le voir avec sa petite fille. Manolo était relié à toutes sortes de tubes en caoutchouc. La mère pleurait. Je n'en comprenais pas la cause, car nous étions très bien soignés, et nous avions un lit avec des draps. Manolo avait sur les bras des instruments avec des cadrans, et moi je n'avais rien. Il ne parlait pas à cause des tubes ; il ne faisait que me regarder. Un beau matin je me réveille, je vois le prêtre au pied du lit, et des hommes en train d'envelopper Manolo dans un drap. Je me suis couvert la tête, et je me suis effondré. J'étais secoué de tremblements, car c'était une chose terrible qui s'était produite en silence. Quand la mère est arrivée, elle a éclaté en sanglots, et s'est accrochée au lit en poussant des cris : « Mon fils ! Où est mon fils ? » Elle m'embrassait, parce qu'à la place de son fils il n'y avait plus que moi. Devant une telle souffrance je ne pouvais prononcer une parole. C'est ça, le toreo. Par malheur, Manolo a dû payer le prix fort. On est loin des écoles de tauromachie. On ne fait pas un torero avec des gosses qui fument des joints ou sont gavés au yaourt.

On ne peut pas changer la réalité. On peut travailler plus ou moins, mais le toreo est une activité libre. Chacun joue son jeu. Manolo a joué le sien, et s'en est allé au paradis comme un homme, et comme un lutteur.

Quand je pense à lui, j'ai beaucoup de mal à supporter l'escroquerie des toreros « artistes ». Ils bombent le torse quand le taureau est passé. Ils s'appuient sur tous les faux intellectuels de Séville et de Madrid. Ce sont des toreros de poitrine ; ils toréent à poitrine passée.

J'ai une grande admiration pour Belmonte. En fin de compte, les trois figures qui ont régné au cours de ce siècle sont Belmonte, *Manolete* et moi.

Je n'ai pas connu Belmonte personnellement. On m'a rapporté qu'au cours d'une de ces réunions de café, le Maître avait entendu dire qu'il y avait un gosse blond de Cordoue qui faisait beaucoup parler de lui dans la province. Belmonte demanda simplement : « Il court beaucoup ? — Non, *Maestro,* il reste immobile, et on ne sait pas comment les bêtes passent sans l'accrocher. — Eh bien, dit Belmonte, si ce jeune trouve le *sitio**, et arrive à se placer là où il doit, il gagnera sûrement de l'argent. »

Belmonte avait une immense foi en lui-même, et il jouait le tout pour le tout. Il pouvait avoir beaucoup de défauts à la ville, mais tout cela s'effaçait dans l'arène, à cinq heures de l'après-midi. Là il était l'homme le plus droit, et le plus beau du monde.

La nuit où sur mon oreiller, dans ma propriété de Villalobillos, j'ai pris la décision de me retirer, j'étais véritablement fatigué, et mon moral s'en ressentait. Or, toute ma saison était faite et mes contrats signés. C'est pourquoi les impresarios sont venus en force pour me dire que c'était une catastrophe et qu'il ne pouvait pas en être question. Ce n'était pas un coup que j'avais monté ; la preuve en est qu'on n'a pas parlé d'argent, et que je n'ai pas exigé davantage de contrats. La vérité est que je ne m'étais pas rendu compte que mon départ inopiné serait aussi dommageable, sinon l'idée ne me serait même pas venue. J'ai fait préparer une paella, et j'ai proposé aux visiteurs de signer l'accord sur le coussin. J'ai dû renoncer à mon intention de ne plus toréer quand ils m'ont indiqué les sommes d'argent qui étaient en jeu pour l'organisation des *ferias*, et qui étaient réellement impressionnantes. Nous avons trinqué, et la caravane de voitures a quitté la propriété avec tous ces messieurs ravis.

J'ai passablement marché sur les plates-bandes des impresarios en exigeant un pourcentage sur la vente des places. Ils auraient voulu freiner mon ascension, mais ils n'y sont pas arrivés. En fait, je ne voulais pas voler leur argent ; seulement prendre celui qui me revenait. Ils croyaient qu'ils me payaient très cher ; c'était le public qui me donnait cet argent, pas eux. Je ne voulais pas qu'ils emportent tout le magot. Alors, ils ont pensé qu'ils devaient s'unir pour me couper les ailes. C'était surtout une idée de Manolito Chopera, qui est par ailleurs un battant et un homme qui voit loin. Ils voulaient monter une combinaison en s'appuyant sur Palomo Linares, pour m'écarter pendant une saison.

Au cours d'un voyage de Mexico à Bogota, je me suis trouvé dans le même avion qu'Eduardo Lozano, lequel m'a confirmé que Palomo avait toute sa saison déjà organisée, et qu'il serait tête d'affiche. Il était donc vrai que j'étais l'objet d'un veto. J'ai proposé que Linares et moi on s'unisse pour toréer de notre côté en faisant la « guérilla ». Eduardo n'a pas trouvé l'idée mauvaise, car le fait que Palomo soit tête d'affiche dans toutes les *ferias* risquait d'être un peu lourd à porter pour lui. Il a fini par accepter l'accord.

Comme on ne nous proposait pas de contrats, nous avons acheté une arène démontable, et nous nous sommes lancés dans l'aventure. Nous avons toréé plus de soixante-dix corridas, nous avons gagné pas mal d'argent, et coupé beaucoup d'oreilles et de queues. Le public nous soutenait, et tous deux nous donnions notre maximum chaque après-midi. Ce fut une saison très fructueuse. Mais si Palomo n'était pas venu avec moi, il est sûr que ces messieurs seraient arrivés à me jeter dehors. Ils n'ont jamais admis qu'un torero se mêle de participer à leurs affaires.

Le résultat, c'est que l'année suivante ils ont dû me donner le double. Cette campagne avait constitué pour moi une excellente propagande : toute la presse parlait des « guérilleros », et nous étions une légende vivante. Ils ont voulu me couper les ailes, et ils n'ont réussi qu'à me remplumer !

La domination actuelle d'un petit nombre d'impresarios, qui sont chaque jour plus puissants, est une plaie pour la corrida. Ils gèrent directement les intérêts de quatre ou cinq toreros, et ils n'ont plus qu'à se les échanger entre eux. Dès lors, tout est joué avant même que la *temporada** ne commence, et il n'y a pas de compétition. Le torero se change en ectoplasme, mais c'est parce qu'il n'a plus la possibilité de lutter, ou de dépasser un certain seuil artistique ou économique.

Je crois vraiment qu'on a besoin d'une figure pour en finir avec tout ça, et pour que le taureau soit remis à sa place. Il faut en finir avec cette stupidité du taureau énorme. Il doit avoir la taille normale, un point c'est tout. Est-ce qu'on nous demande de le toréer, ou de lui chasser les mouches ? On ne peut pas continuer à ne couper que cinq malheureuses oreilles pendant toute la *feria* de Madrid, alors que moi par exemple j'ai réussi à en couper huit en deux après-midi. Devant ces mastodontes, qui n'ont d'ailleurs aucune mobilité, et devant ces cornes, le torero peut seulement penser, pour se consoler de ne pas arriver à « tirer » le taureau avec sa *muleta**, que les *mulillas** en tout cas sauront bien le tirer.

Beaucoup de professionnels ont trompé le public en *lidiant**, mais sans toréer. Certains de ces maîtres, que par ailleurs je respecte, ne se sont « jamais passé les taureaux par la ceinture ». Ils les conduisaient habilement en allongeant les bras, mais la distance entre eux et la bête était comme de Cordoue à Madrid !

Celui qui administre au taureau des *passes de châtiment** fait par là même l'aveu de son incapacité à le dominer autrement. Ces passes, qui obligent l'animal à se retourner brutalement, lui font plus de mal que la pique. On peut même lui léser la colonne vertébrale. C'est comme si on raclait les touches d'un piano en faisant « Rrrr... » ; en une seconde toutes les touches sont brûlantes. Toréer, ce n'est pas la même chose que *lidier.* Mais qui va me dire ce que c'est ? Car je dois avouer mon ignorance. Je comprends que c'est la rencontre de l'intelligence et de la force, pour autant que l'adversaire ait sa chance. Le taureau qui déboule dans l'arène est comme un aveugle. Il vient d'un horizon de verdure et de liberté pour se retrouver dans une enceinte fermée, où il est agressé par les couleurs et les cris. Il charge parce qu'il voudrait s'en aller. Il se sent trompé, et il ne comprend rien à ce qui se passe. Alors, il se défend avec ses atouts : les muscles et le sang. Si en plus, dès la sortie, on lui esquinte la colonne vertébrale, il y a tricherie. Un torero qui n'a jamais su être qu'un dominateur ne vaut rien. Il faut au contraire aspirer aux caresses, au contact. J'ai toujours donné à mes taureaux le terrain qu'ils demandaient ; c'est pour ça que nous nous sommes respectés mutuellement. J'ai essayé de faire en sorte qu'ils se sentent bien avec moi, de leur donner l'impression que nous étions en famille, même si l'un de nous devait tomber à la fin. Le taureau mérite tout notre cœur et notre admiration. Il faut exploiter toutes ses ressources pour en faire quelque chose que nous injectons dans le public.

Celui qui ne perçoit pas les réactions différentes des bêtes, ou tarde à les percevoir, risque l'échec ou la blessure. Il est également important de comprendre de quel côté il est plus facile de les toréer. J'ai toujours essayé de toréer du côté où le taureau appuyait, et de laisser le bon côté pour la fin, puisque par-là les oreilles étaient assurées. Je cherchais d'abord la difficulté, pour que les gens ne s'ennuient pas, et parce que je savais que cette corne difficile pouvait me valoir la queue. J'insistais jusqu'à ce que le taureau devienne suave. D'autres, à force d'insistance et de savoir-faire, ont « arrangé » leur opposant, le *Viti* par exemple.

On m'a reproché de m'être mesuré trop souvent à des adversaires « commodes ». Je ne comprends pas : si dans une chasse on a obtenu un bon poste de haute lutte, je ne vois pas pourquoi on s'en priverait. Les toreros qui participaient aux mêmes courses que moi avaient ces mêmes taureaux. Pourtant, c'est moi qui ai gagné la partie.

Pour être bien avec un taureau, il est essentiel d'en avoir pris toute la mesure, de se l'être mis entièrement dans la tête. C'est ce que j'arrivais à faire dès les deux premières passes de cape. J'avais alors l'impression qu'il n'était plus dans l'arène, mais cloué dans mon cerveau, avalé, que je n'avais plus qu'à le ressortir en petits morceaux.

Le toreo brouille les noms, accapare la couleur, le mouvement rapide de la beauté, ce mouvement qui existe obscurément ailleurs, et que le toreo met en évidence. La réalité se compose de lumières estompées et de lumières intenses. Le toreo est le lieu privilégié de ces dernières ; elles illuminent de leurs rayons les trois éléments qui, comme je l'ai déjà dit, ne doivent faire qu'un. En évoquant cela, je ne peux m'empêcher de penser aux Fallas de Valence avec leurs merveilleuses couleurs, ou aux superbes feux d'artifice du 15 août que j'ai vus une fois à Biarritz.

Qu'on ne recherche surtout pas je ne sais quelle tristesse dans le toreo. C'est au contraire le règne de la joie. A l'heure de la prière dans la chapelle, on se recueille devant nos Vierges, mais après il ne faut plus penser qu'au bonheur de tous. Les cœurs sont à l'unisson, brûlant d'allégresse, et nous formons une seule masse. Bien sûr, le malheur peut arriver, mais personne ne le veut. Cette joie est toute la différence entre le toreo et le flamenco. J'ai toujours fait en sorte que les gens et moi nous soyons heureux ensemble. Le public m'a vraiment suivi, parce qu'il a su tout ce que cela m'a coûté, et les ronces des chemins que j'ai dû parcourir. Au début, la bataille a été solitaire et à la loyale, mais par la suite j'ai été soutenu par tous ces regards. Les gens étaient avec moi, parce que je luttais pour ma vie. Toute l'Espagne s'est vue batailler avec le *Cordobés,* et affronter avec lui les bêtes dans les enclos ! Toute l'Espagne a partagé ses rêves insensés et ses escapades nocturnes.

ANNEXES

Brèves biographies des toreros interviewés

PEPE LUIS VÁZQUEZ

Pepe Luis est l'initiateur d'une dynastie sévillane de toreros, la plus célèbre de la tauromachie contemporaine. Né en 1921, il prend l'*alternative** à Séville en 1940. Sa carrière se déroule en grande partie sous le règne de *Manolete,* dont on espérait qu'il serait le grand rival. La limpidité et le classicisme de son art paraissaient le meilleur antidote au style plus statique et plus « court » du Cordouan. Il était la grâce opposée au « dramatisme ». Mais Pepe Luis n'avait pas une âme de battant, et n'avait pas non plus envie de faire évoluer son toreo dans le sens imposé par *Manolete.*

Après la mort de ce dernier en 1947, Pepe Luis torée quelques années encore, au moment où se confirme le talent de Dominguín et où monte l'étoile d'Ordoñez, puis se retire en 1953. Sa brève tentative de réapparition en 1959 n'est qu'une péripétie.

Il n'y a pas de commune mesure entre la carrière, assez irrégulière, de cet artiste, et son rayonnement exceptionnel. Par son intelligence, sa connaissance des bêtes, et les qualités plastiques de son toreo sévillan, Pepe Luis est une très grande référence, qu'on n'invoque jamais sans émotion.

Depuis sa prime enfance, Luis Miguel baigne dans la tauromachie. Né en 1926, il est fils d'un torero de la province de Tolède, qui par son courage et sa volonté s'était acquis une place assez honorable, et qui sut conseiller habilement ses fils dans leur carrière. Les frères aînés de Luis Miguel ont été comme lui matadors, et sa sœur Carmina épousera Antonio Ordoñez.

Il s'habille de lumières dès l'âge de treize ans, et devient matador en 1944. Il réussit très vite à s'imposer, et même à faire de l'ombre au grand *Manolete* aux côtés duquel il torée le jour où celui-ci est mortellement blessé à Linares, en 1947. Son assurance dans l'arène, ses connaissances techniques presque sans faille, sa prestance le haussent au plus haut niveau. Malgré quelques éclipses, il reste en activité jusqu'au début des années 70. Le moment le plus passionnant — et peut-être le plus difficile — de sa carrière est celui de sa rivalité plus ou moins arrangée avec son beau-frère Ordoñez au cours de la saison 1959. Hemingway en tirera une série d'articles, intitulée *L'Été sanglant,* pour *Life.*

Par son prestige, par ses liens d'amitié avec d'autres monstres sacrés, en particulier Picasso et Cocteau, par les tumultes de sa vie sentimentale abondamment commentée dans la presse du cœur, Luis Miguel est sans doute la première figure à avoir donné à la tauromachie une audience internationale.

Quant à ses qualités spécifiques de torero, il faut noter sa maîtrise parfaite de l'ensemble du jeu, y compris avec les banderilles, et une habileté toute particulière à la *muleta** avec la main gauche. Dominguín aura été par excellence le torero sûr de lui et dominateur, avec cependant un art un peu sec.

ANTONIO ORDOÑEZ

Ordoñez est né en 1932. Il est l'un des fils du célèbre torero de Ronda, le *Niño de la Palma,* dont Hemingway s'est inspiré pour le personnage de Pedro Romero dans *Le Soleil se lève aussi,* avant de se lier d'amitié trente ans plus tard avec Antonio. Consacré matador en 1951, il décide inopinément de prendre sa retraite en 1971, au cours d'un triste après-midi à Saint-Sébastien. Toutefois, jusqu'à ces toutes dernières années on pouvait le voir célébrer le rite, une fois l'an, dans le berceau de sa famille et de son art, à Ronda. Si l'on veut donner une idée de la sérénité majestueuse à laquelle peut atteindre le toreo, de sa profondeur, de l'ampleur rythmée du geste, un nom vient aussitôt à l'esprit : celui d'Antonio Ordoñez. Il est, au cours de ces dernières décennies, l'incarnation du classicisme à l'état pur, le maître de l'art andalou, grave et moelleux, tout chargé d'émotion. Par exigence esthétique plus encore que par amour-propre, Ordoñez a su faire preuve d'un courage exemplaire qui l'a conduit parfois à recevoir de très graves blessures.

PACO CAMINO

Surnommé par l'afición « l'enfant savant », en raison de sa précocité, Camino prend l'*alternative** à dix-neuf ans, en 1960. Sans avoir besoin de forcer son talent, il aurait sans aucun doute été le numéro un durant les années 60, mais c'était sans compter sur le *Cordobés* qui surgit hors des sentiers battus et devient rapidement irrésistible pour les foules. Il n'empêche que Camino a été un torero d'exception par la sûreté et la rapidité de son jugement sur les taureaux, et surtout par la pureté de son style à la cape et à la *muleta**. Bien que sévillan, et toréant avec une finesse admirable, Paco Camino a laissé de côté les fioritures propres à certains compatriotes. Il lui a peut-être manqué pour être le maître incontesté, presque à la hauteur d'Ordoñez, un certain engagement moral, et un sens plus profond du *temple**, encore que sur ce point les avis soient très partagés.

SANTIAGO MARTÍN EL VITI

Contemporain de Camino, puisqu'il devient matador également en 1960, *El Viti* a réalisé son apprentissage dans la province de Salamanque, où il est né en 1938. Il s'est lentement imposé, y compris à Séville, en 1966, au cours d'une *faena** mémorable par la sobriété et la solennité grave de son toreo. Il a possédé à un très haut degré, et surtout avec la *muleta**, le sens du *temple**, de l'harmonie entre le geste de l'homme et la vitesse de charge de la bête, qui produit une impression de lenteur et de suavité. Ses grandes qualités artistiques avaient besoin pour être mises en valeur de taureaux dont le nerf ne fût pas excessif. On a pu lui reprocher de ne briller qu'avec des adversaires sans allant, voire sans force.

Tout ce qu'on a dit de la crise de la tauromachie au cours de ces vingt dernières années n'ôte rien à la chance de ceux qui ont pu voir ensemble un Ordoñez, un Camino, et un *Viti*. Une telle éclosion de talents justifie l'affirmation de certains, selon laquelle à aucune époque on n'a toréé de façon si parfaite.

La vie et les années d'apprentissage du *Cordobés* ont été racontées dans de nombreux livres — dont un best-seller bien connu —, reportages et revues, et même au cinéma. On se souvient que ses débuts furent extrêmement laborieux, qu'il eut souvent maille à partir avec la garde civile, et qu'il faillit plusieurs fois abandonner.

On commença à entendre parler de lui en 1960, lorsqu'il se présenta à Cordoue. Et puis, très vite il fit passer un vent de folie (?) sur l'Andalousie et sur l'Espagne entière, grâce à un style tout à fait hétérodoxe, et à une immobilité confondante devant les bêtes ; grâce aussi à un montage publicitaire très bien orchestré. Avant même d'être sacré matador, le *Cordobés* devint du jour au lendemain riche et célèbre. Il reçut l'*alternative** en 1963, à l'âge de vingt-sept ans, c'est-à-dire extrêmement tard pour une carrière normale. Mais la normalité et le *Cordobés*... Adulé par les foules, âprement critiqué par les puristes, il régna sans partage sur la tauromachie des années 60, et établit plusieurs fois le record absolu du nombre de corridas toréées en une saison. Ses prestations s'espacèrent au début des années 70, parce qu'il le voulut ainsi. Ses réapparitions ont toujours constitué un événement, et la dernière en date, en 1986, pour participer à un *festival**, a suffi à remplir un jour de pluie les arènes de Madrid.

Le répertoire de Manuel Benitez a été pratiquement limité au seul travail avec la *muleta**. Mais là, la souplesse de son poignet, sa science consommée des terrains lui ont permis de produire des effets extraordinaires, et de donner l'impression d'hypnotiser le taureau, celui-ci virevoltant autour de son corps immobile. Tout ceci, qui aurait pu paraître pathétique, dégageait au contraire une sensation d'allégresse et de vitalité très revigorantes. Quand il toréait, certains portaient les mains sur la tête, d'autres riaient, mais c'était un rire de jubilation.

Quelques repères sur le déroulement de la corrida

Une corrida s'ouvre par le *paseo* ou *paseillo,* défilé des matadors accompagnés de leurs *cuadrillas,* les équipes de picadors et de banderilleros.

Dès sa sortie, et au cours de la première phase, celle de la pique, le taureau est toréé à la cape. Le *quite* désigne à la fois l'action d'écarter le taureau du cheval, du picador, ou de quiconque se trouve en difficulté, et ce bref instant où les toreros peuvent rivaliser dans le toreo de cape.

La deuxième phase est celle des banderilles. Ordinairement trois paires de banderilles sont posées, soit par les banderilleros, dont certains se sont acquis une belle renommée, soit par le matador lui-même s'il est particulièrement brillant dans cette phase. Des six toreros en question ici, seul Dominguín s'employait souvent à banderiller.

Par l'importance qu'il a prise dans la tauromachie actuelle, le troisième acte éclipse — on peut le regretter d'une certaine manière — les deux premiers. C'est celui de la *faena* de *muleta*, qui conduit à la mise à mort, après une dizaine de minutes au maximum. C'est sur cette phase que se joue principalement la réputation des toreros aujourd'hui, et c'est elle qu'ont à l'esprit les éleveurs quand ils sélectionnent leurs produits.

Donc, désormais seul dans l'arène, le matador entreprend le taureau avec la *muleta,* le drap rouge monté sur un bâton, qui permet de toréer d'une main. Lorsqu'il torée avec la droite, l'homme glisse l'épée (c'est le plus souvent aujourd'hui l'épée « simulée », en bois, pour ne pas fatiguer le poignet) dans les plis de la *muleta,* afin d'élargir l'étoffe, et de la soutenir contre le souffle de l'air. En revanche, avec la main gauche il ne peut en aucune façon utiliser cette aide. C'est pourquoi la passe donnée par le bas s'appelle *naturelle ;* c'est la plus pure du répertoire. Elle se combine généralement avec la *passe de poitrine,* passe par le haut qui termine une série.

Vient le moment de la mise à mort, quand la charge de la bête s'épuise ou lorsque celle-ci développe à l'excès son instinct défensif. Le matador se profile, s'élance droit les yeux levés sur la *croix* (l'intervalle entre l'épaule et l'épine dorsale au sommet du garrot), se *croise,* c'est-à-dire qu'il marque une sortie vers sa droite avec la *muleta,* pour détourner les cornes de son corps, à l'instant même où son bras droit tendu enfonce l'épée.

Si la mort ne survient pas rapidement, le matador a recours au *descabello,* coup de grâce sec donné avec la pointe d'une épée barrée d'une croix, qui tranche la moelle épinière.

Pour un approfondissement technique, on consultera notamment les ouvrages de Claude Popelin, *Le Taureau et son combat* (Julliard, 1981) et *La Tauromachie* (Le Seuil, 1970).

LEXIQUE

Alternative : Cérémonie par laquelle on est consacré matador. Le parrain cède au récipiendaire le premier taureau de la corrida.

Avis : Avertissement donné au matador par le président de la course d'avoir à tuer au plus vite son opposant. La première sonnerie de clairons intervient dix minutes après le début de la *faena,* la deuxième à la treizième minute, et la troisième à la quinzième. Au-delà, le taureau sera achevé dans les coulisses de l'arène, suprême humiliation pour le matador.

Bronca : Tempête de sifflets et de huées sanctionnant une prestation détestable.

Capea : Corrida non réglementée, se déroulant dans des villages ou des bourgs dépourvus d'arènes, au cours de laquelle les apprentis toreros affrontent des bêtes dont la sélection laisse à désirer, et qui sont souvent dangereuses.

Caste : Se dit d'un taureau qui a de la race, et plutôt du nerf.

Châtiment (passe de) : Elle a pour but d'obliger le taureau à se retourner sèchement et à baisser la tête. Elle s'impose surtout en début de faena, devant un animal qui a conservé trop de nerf après la pique.

Chicuelina : Passe de cape qui porte le nom du torero sévillan Manuel Jimenez Chicuelo. Elle consiste à attendre de face ou de trois quarts le taureau, et à pivoter en s'enroulant dans la cape une fois qu'il est passé.

Coleta : La queue de cheveux postiche, qui est comme une marque d'investiture pour le torero. Certains se font en public « couper la coleta » pour signifier officiellement leur retraite.

Compas ouvert : Il s'agit de l'écartement des jambes qui permet d'allonger la passe et de mieux diriger la charge de la bête, en offrant un appui plus solide.

Se croiser : Action d'avancer dans le terrain du taureau en dirigeant le leurre vers la corne *contraire* (la corne gauche pour une passe de la main droite).

Croix : Intervalle entre l'épaule et l'épine dorsale, au sommet du garrot.

Cuadrilla : Voir p. 129, déroulement de la corrida.

Descabello : Voir p. 129, déroulement de la corrida.

Desplante : Attitude de défi que le matador ne doit prendre qu'après une série de passes particulièrement réussie.

Dominio : Emprise du torero sur son taureau. Pour savoir comment on y parvient, il faut écouter les avis partagés des professionnels.

Droitière : *Derechazo* en espagnol. La passe de *muleta* par le bas donnée de la main droite.

Espontáneo : L'amateur ou l'apprenti qui, pour se faire connaître, ou pour le plaisir de l'acte téméraire, se lance « spontanément » dans l'arène, et tente de faire quelques passes à un taureau. Cela peut se terminer très mal pour lui ; en tout cas, après son exploit, il est pris en charge par la force publique. Le *Cordobés* a été un *espontáneo* célèbre dans les arènes de Madrid.

Faena : Ce terme désigne essentiellement le « travail » du matador avec la *muleta.*

Festival : Course, généralement organisée pour un motif de bienfaisance. On y torée de jeunes taureaux dont les cornes peuvent être quelque peu limées. C'est l'occasion pour les vieilles gloires de se représenter devant le public, et de vivre de beaux moments de nostalgie.

Finca : Exploitation ou élevage à la campagne.

Kikiriki : Passe de *muleta,* qui termine gracieusement une série. La *muleta* est prestement dérobée au taureau en pleine charge.

Lidia : Le mot veut dire *combat* en espagnol. Il s'agit de la conduite du jeu, en adaptant la stratégie au comportement particulier de chaque taureau. La *lidia* assure le *dominio,* et constitue en quelque sorte le préalable nécessaire pour que s'épanouisse l'art du toreo.

Mando : Faculté de savoir conduire l'animal et de lui imposer un bon axe de charge.

Manso : Est *manso* le taureau dépourvu de qualités offensives. Il fuit à l'appel de l'homme, se défend de la tête, et peut être dangereux par ses réactions imprévisibles.

Molinette : A la sortie du taureau, l'homme tourne sur lui-même en s'enroulant la *muleta* autour du corps. Cette passe termine normalement une série.

Montera : Coiffe noire du Torero.

Muleta : L'étoffe écarlate, montée sur un bâton, dont se sert le matador pour toréer au troisième acte, et pour écarter de son corps les cornes de l'animal au moment de l'estocade.

Mulillas : Les mules, à moins qu'il ne s'agisse de percherons, qui tirent hors de l'arène la dépouille du taureau.

Mundillo : Milieu taurin.

Naturelle : Voir p. 129, déroulement de la corrida.

Novillada : Course non formelle avec des taureaux de trois ans.

Novillero : Le jeune torero, qui n'est pas encore en mesure de prendre l'*alternative,* affronte des bêtes de trois ans. Un taureau est considéré comme adulte (*novillo*) à quatre ans.

Ornement : La passe d'ornement — en espagnol *adorno* — n'a, comme son nom l'indique, d'autre but que la joliesse. Le répertoire sévillan en est particulièrement riche.

Paseo ou **paseillo** : Défilé initial des matadors avec leurs *cuadrillas**.

Querencia : Désigne toute attirance du taureau vers un point déterminé de l'arène. La prise en compte de cette inclination est indispensable dans la stratégie.

Quiebro : Dévier à la dernière seconde la charge d'un taureau en faisant un écart avec le corps, puis revenir brusquement au point initial, pour l'esquiver.

Quite : Voir p. 129, déroulement de la corrida. Les passes de cape qu'on fait à un taureau après l'avoir écarté du cheval.

Remate : Passe destinée à laisser sur place le taureau en concluant une série.

Revolera : Manière de terminer une série à la cape, en faisant tourner celle-ci autour du corps dès que le taureau s'y est engagé. L'animal s'arrête, comme médusé, et la cape décrit lentement dans l'air un cercle presque parfait.

Sitio : Emplacement précis où le torero doit se placer pour provoquer la charge du taureau, en ayant de bonnes chances de réussir la passe ou la figure. C'est en quelque sorte la bonne distance.

Statuaire : Passe de **muleta** par le haut, au cours de laquelle l'homme se tient droit et immobile.

Suerte : Ce mot signifie en espagnol la chance, mais désigne aussi, par un superbe amalgame, toute figure et tout acte de la corrida.

Temple : Accord, mesure. Il s'agit de l'harmonie que l'homme réussit à réaliser entre le mouvement de l'étoffe et la vitesse de charge du taureau. Cette cadence finit par produire une impression de lenteur et de suavité.

Temporada : La saison taurine. En Espagne, elle commence en mars et se termine en octobre.

Tienta : Corrida sans mise à mort, réalisée dans les petites arènes des élevages, par laquelle on teste les qualités des vaches braves, appelées à devenir mères, et des étalons susceptibles d'assurer la reproduction. C'est pour les professionnels un terrain privilégié d'apprentissage ou d'entraînement.

TABLE

Achevé d'imprimer en janvier 1991
par Corlet Imprimeur S.A.
14110 Condé-sur-Noireau
pour le compte des éditions Autrement
N° d'Imprimeur : 136
Précédent dépôt : juillet 1989
Dépôt légal : janvier 1991